PSICANÁLISE

DESDOBRAMENTOS TEÓRICOS E CLÍNICOS
A PARTIR DE FREUD

Leliane Maria Ap. Gliosce Moreira
Guilherme Félix de Souza Lopes
Carolina Castelli de Paula
Cristina Helena Giovanni Meneghello

Flávia Andrade Almeida
Flávio Rossi Provazi
José Raimundo Evangelista da Costa
Nathalia Vieira Machado Rodrigues

PSICANÁLISE

DESDOBRAMENTOS TEÓRICOS E CLÍNICOS A PARTIR DE FREUD

Freitas Bastos Editora

Copyright © 2025 by Leliane Maria Ap. Gliosce Moreira, Guilherme Félix de Souza Lopes, Carolina Castelli de Paula, Cristina Helena Giovanni Meneghello, Flávia Andrade Almeida, Flávio Rossi Provazi, José Raimundo Evangelista da Costa e Nathalia Vieira Machado Rodrigues

Todos os direitos reservados e protegidos pela Lei 9.610, de 19.2.1998. É proibida a reprodução total ou parcial, por quaisquer meios, bem como a produção de apostilas, sem autorização prévia, por escrito, da Editora. Direitos exclusivos da edição e distribuição em língua portuguesa:

Maria Augusta Delgado Livraria, Distribuidora e Editora

Direção Editorial: Isaac D. Abulafia
Gerência Editorial: Marisol Soto
Copidesque: Tatiana Paiva
Revisão: Doralice Daiana da Silva
Diagramação e Capa: Madalena Araújo

Dados Internacionais de Catalogação na Publicação (CIP) de acordo com ISBD

P974	Psicanálise: desdobramentos teóricos e clínicos a partir de Freud / Leliane Maria Ap. Gliosce Moreira... [et al.] ; organizado por Leliane Maria Ap. Gliosce Moreira, Guilherme Félix de Souza Lopes. - Rio de Janeiro, RJ : Freitas Bastos, 2025.
	180 p. : 15,5cm x 23cm.
	ISBN: 978-65-5675-476-5
	1. Psicanálise. 2. Freud. I. Moreira, Leliane Maria Ap. Gliosce. II. Lopes, Guilherme Félix de Souza. III. Paula, Carolina Castelli de. IV. Meneghello, Cristina Helena Giovanni. V. Almeida, Flávia Andrade. VI. Provazi, Flávio Rossi. VII. Costa, José Raimundo Evangelista da. VIII. Rodrigues, Nathalia Vieira Machado. IX. Título.
2025-277	CDD 150.195
	CDU 159.964.2

Elaborado por Odilio Hilario Moreira Junior - CRB-8/9949

Índice para catálogo sistemático:
1. Psicanálise 150.195
2. Psicanálise 159.964.2

Freitas Bastos Editora
atendimento@freitasbastos.com
www.freitasbastos.com

SUMÁRIO

19 **CAPÍTULO 1**
HISTÓRIA DA CLÍNICA PSICANALÍTICA

Flávia Andrade Almeida | Guilherme Félix de Souza Lopes

1.1 Aspectos biográficos de Sigmund Freud 19
1.2 O paradigma da histeria 22
1.3 Trauma e sedução 25
1.4 Teoria sobre os sonhos 27
1.5 O que é sexualidade para a psicanálise? 36
1.6 Clínicas públicas de psicanálise 44
1.7 Psicanálise e ciência 46
REFERÊNCIAS 51

53 **CAPÍTULO 2**
FUNDAMENTOS DA CLÍNICA PSICANALÍTICA

Guilherme Félix de Souza Lopes

2.1 A transferência 54
2.2 A regra fundamental 59
2.3 A formação do analista 67
2.4 Todo mundo precisa de análise? 71
2.5 O complexo de Édipo e a função da castração 73
REFERÊNCIAS 83

85 **CAPÍTULO 3**
PSICOPATOLOGIA PSICANALÍTICA

José Raimundo Evangelista da Costa | Flávio Rossi Provazi | Nathalia Vieira Machado Rodrigues

3.1 Noção de estrutura psíquica em psicanálise 86
3.2 Neurose 89
    3.2.1 Neurose histérica 92
    3.2.2 Neurose fóbica (ou histeria de angústia) 94
    3.2.3 Neurose obsessiva 96
    3.2.4 Neurose de angústia (neurose atual) 98

3.3 Psicose 103
3.4 Perversão 106
3.5 Psicanálise e políticas públicas 110
3.6 Psicanálise e sociedade 115
REFERÊNCIAS 116

CAPÍTULO 4
PSICANÁLISE COM CRIANÇAS

Leliane Maria Ap. Gliosce Moreira | Cristina Helena Giovanni Meneghello | Carolina Castelli de Paula

- 4.1 Melanie Klein e a técnica do brincar 119
- 4.2 As contribuições de Winnicott à psicanálise 127
- 4.3 Consultas Terapêuticas de D. W. Winnicott como uma prática clínica 136
- 4.4 Apresentação de um caso clínico: caso Philip (1953) 147
  - 4.4.1 História de vida de Philip 148
  - 4.4.2 Ambiente familiar 149
  - 4.4.3 Ambiente social 150
  - 4.4.4 Sintomas 150
  - 4.4.5 Enurese 151
  - 4.4.6 Diagnóstico 151
  - 4.4.7 Etiologia 152
  - 4.4.8 Manejo clínico 152
  - 4.4.9 Terapeutas 152
  - 4.4.10 Relacionamento terapêutico 152
  - 4.4.11 Winnicott e a mãe 153
  - 4.4.12 A mãe e Philip 153
  - 4.4.13 Procedimentos de tratamento 154
  - 4.4.14 Hora do brincar 155
  - 4.4.15 Discussão 156
- REFERÊNCIAS 158

CAPÍTULO 5
A PSICANÁLISE COMO DISCURSO

Nathalia Vieira Machado Rodrigues

- 5.1 Lacan e a escola francesa 161
- 5.2 Lacan e o retorno a Freud 162
- 5.3 O inconsciente estruturado como linguagem e a clínica lacaniana 163
- 5.4 A ética da psicanálise lacaniana: desejo e laço social 167
- REFERÊNCIAS 171

POSFÁCIO

ORGANIZADORES E AUTORES

PREFÁCIO

O leitor tem em mãos um livro de introdução à psicanálise que cumpre perfeitamente sua função didática de ser um primeiro e agradável contato com a matéria. Há mais de trinta anos oferecendo disciplinas de introdução à psicanálise, em universidades públicas e privadas, em cursos de extensão e aperfeiçoamento, em nível de pós-graduação e especialização, percebo a dificuldade de conciliar as diferentes exigências para redigir um texto de apresentação à psicanálise. Para muitos leitores, esta pode ser a primeira e última versão sobre o assunto; para outros, uma espécie de primeiros passos que viram primeiros tropeços.

Até certo ponto, as dificuldades não são muito diferentes das que enfrentamos nos cursos de formação em escolas e associações de psicanálise, ou seja, como resumir mais de cem anos de pesquisas, textos e controvérsias, sem fazer como a ciência contemporânea, que se prende apenas ao último capítulo da conversa. Se a psicanálise é uma ciência, ela não pode ser uma ciência desmemoriada de seu próprio processo de aparição e disseminação. Por isso, não basta que o texto seja uma apresentação das principais ideias freudianas, pois a psicanálise se ramificou e se desenvolveu muito depois daquela carta a Fliess em 1897.

Também não é suficiente uma apresentação dos principais temas, conceitos e matérias organizadas ao modo de um dicionário ou de um vocabulário, pois para isso já existem obras que cumprem essa função, melhor do que qualquer texto introdutório. Muitas vezes a solução passa pela escolha pessoal do autor, que, dessa maneira, acaba reproduzindo seu percurso e suas preferências estilísticas na feitura do texto. Isso traz o inconveniente de que só depois de ler alguns desses textos introdutórios se perceberá, com alguma clareza, o ponto de vista de onde aquele autor fala e que terá sido o nosso até que a série se estenda.

Contudo a maior dificuldade para uma boa apresentação introdutória da psicanálise diz respeito à matéria mesma, ou seja, apresentar a psicanálise como método de tratamento (*behandlung methode*), procedimento de investigação (*forschung*) e nova ciência (*neues wissenschaft*). Este básico deixaria de fora duas ideias incontornáveis: a de que a psicanálise é também uma nova forma de ética e um nem tão novo discurso, entendido como laço social.

Adicione-se ao problema o fato de que psicanálise é uma prática, um método e um saber que envolve pressupostos clínicos, anteriores a sua própria existência, tais como psicopatologia, a arte do diagnóstico e o campo da saúde mental. Ela exige também algum percurso por reflexões éticas, filosóficas, linguísticas e antropológicas, pela literatura, pelas ciências da religião e pela história.

O caminho escolhido aqui consegue enfrentar esse conjunto de dificuldades recorrendo a uma composição de autores, de variadas procedências formativas e diferentes solos de experiência. O risco – neste caso, de perder a homogeneidade, em termos de nível de discurso e de conexão interna entre os temas, que esperamos de um texto introdutório – é bem contornado, dadas as circunstâncias que reuniram o grupo redator. Todos eles trabalham juntos, conhecem-se uns aos outros e dividem percursos formativos em psicanálise. Isso permitiu ao mesmo tempo uma unidade discursiva com grande variação de destinatários.

Outro mérito da proposta é combinar casos clínicos com desenvolvimentos conceituais, o que permite visualizar e elaborar o tipo de manejo de conceitos que esperamos de jovens clínicos. Assim como a psicopatologia, que é relativamente fácil de compreender se pensarmos na lista de sinais e sintomas que definem os transtornos, o raciocínio clínico exigido pela psicanálise demanda certo tipo de incorporação conceitual que nem sempre é fácil de transmitir. O estilo apostilado, baseado nas informações mais importantes, ou os manuais orientados para a preparação para uma avaliação objetiva corrompem diretamente esse tipo de manejo do conceito, esperado de um bom clínico, na verdade ele o desorienta, pois afasta o aluno do confronto com o texto difícil, com a ambiguidade de redação ou com a incerteza definicional.

Caro iniciante, considere que o discurso que você enfrentará com seus futuros pacientes se assemelha mais a uma seleção de paradoxos, fragmentos e ambiguidades do que a uma lista de múltipla escolha ou um conjunto de informações de apreensão fácil e evidente. A falta de desafio na interpretação de texto, o cultivo da facilitação da compreensão, quando não estão a serviço da exclusão, tornam-se um desserviço formativo. Eles criam uma realidade inautêntica, reduzida e simplificada de como é a subjetividade das pessoas que escutaremos futuramente. Isso não significa que os textos de introdução devem ser complexos, enigmáticos e difíceis de entender simplesmente pelo gosto de falar difícil. Eles são difíceis de entender perfeitamente dados os problemas que levantei anteriormente.

Mas aqui o leitor poderia levantar uma objeção justa. Existem saberes muito mais antigos e disciplinas muito mais complexas que a psicanálise – por exemplo, as matemáticas –, que procedem lentamente, do mais simples até o mais complexo, oferecendo-nos, ao final, uma visão de conjunto bem-acabada.

Nelas a dificuldade é crescente, mas o progresso pode ser verificado passo a passo. Por que não seria o mesmo com a psicanálise? Ocorre que essa separação de cada fragmento não se aplica muito bem quando falamos de unidades complexas que exigem, por assim dizer, desde o início o ponto de vista da totalidade, como parece ser o caso de vidas humanas. É claro que, durante o tratamento, uma vida se apresenta aos poucos, parte extra partes, combinando a biografia do que se viveu até então com a relação que vai se firmando com o analista que escuta essa vida se reconstruir a cada vez.

Ao contrário de outras disciplinas nas quais se aprendem primeiro os conceitos e depois se fazem exercícios sobre eles, na psicanálise o exercício vem desde o começo. Daí a importância de saber não apenas como os conceitos significam, mas como eles foram produzidos, ou seja, sua gênese e estrutura. Isso facilitará uma experiência mais rara de acontecer em outras áreas, mas que é crucial na psicanálise, e que diz respeito à maneira como vamos nos reconhecendo nos fenômenos apresentados e nas hipóteses introduzidas. Assim se aprende a pensar em uma obra como um desenrolar de eventos, que se ressignificam e ganham unidade, mantém uma certa afinidade com o trajeto de uma biografia, que também é feita de encontros, desencontros e transformações. Sem entendermos por que Freud muda de opinião tão frequentemente ao longo de sua obra, jamais entenderemos a lógica de transformação que está em sua obra, no fazer psicanalítico e na sua aprendizagem.

Neste livro, o problema fica bem resolvido pela combinação entre o peso histórico dos conceitos, a importância de entender seu desenvolvimento na obra dos autores e nas diferentes linhagens de psicanálise. Muitas questões práticas – como a abordagem psicanalítica da infância ou a clínica diferencial das psicoses, neuroses e perversões – foram organizadas depois de Freud. Neste caso, o livro pondera com elegância a posição inicial e os diferentes consensos e referências que foram se formando ao longo da história da psicanálise.

O mesmo se poderia dizer das questões contemporâneas e particularmente aquelas que são concernentes à realidade brasileira, em que o livro ganha em atualidade e circunstância ao incluir debates como a regulamentação da psicanálise, clínicas públicas e as dificuldades da formação em meio à proliferação digital de pseudoformações. Este livro permite ao jovem pretendente perceber também como os temas estão abertos a reviravoltas e invenções tanto na comunidade psicanalítica quanto nos desafios clínicos que cada época propõe.

Como parecerista e editor de inúmeras revistas de psicanálise, percebo que há uma crônica dificuldade dos que pesquisam a partir de Freud quando se trata de justificar seus procedimentos e métodos nos termos dos cânones universitários e da ciência baseada em *papers*. Frequentemente vemos que psicanalistas participam de uma comunidade de pesquisa cuja forma fundamental de transmissão é o ensaio. Não digo que ela seja única, nem a melhor, mas boa parte dos capítulos aqui reunidos tem essa forma de exposição que consagrou Freud como escritor: o ensaio (*abhandlung*).

Claro que há também construções de casos clínicos, artigos propriamente ditos, relatos de mestrados ou de doutorados, pesquisa de avaliação e eficácia, além das formas espúrias representadas pelas glosas do que Freud ou Lacan disseram em tal ou qual tema, livro ou seminário. No início, cópias e fichamentos do que já foi dito funcionam para o processo de formação, mas são, em geral, muito pouco úteis para fazer avançar a psicanálise como uma pesquisa coletiva em torno de questões em aberto, seja sobre seu campo de incidência, seja sobre sua psicopatologia, seja sobre as variantes éticas e clínicas de sua prática.

Mesmo a chamada "pesquisa teórica" ou a "pesquisa qualitativa" muitas vezes tornam-se apenas investigações filológicas ou subterfúgios para a rarefação da reflexão metodológica e com isso para a fundamentação de problemas.

Em nosso livro sobre "A análise psicanalítica de discursos: a perspectiva de Lacan"[1], argumentei que a forma ensaio, assim como os diferentes tipos de análise de discurso, responde, contemporaneamente, ao que Freud chamava de método de investigação psicanalítica, que seria mais uma maneira ordenada de observar e descrever, pensar e criticar conceitos, fazerem-se questões e coligir experiências clínicas, do que uma maneira exata como procedemos quanto conduzimos tratamentos de pacientes e analisantes.

Isso implicaria que se levasse um pouco mais a sério o que significa a forma ensaio, enquanto procedimento e exercício de método. Ela não deve ser resumida espontaneamente com a emissão e opiniões ou com a declamação de autoridades assistemáticas sobre uma matéria. A forma ensaio tem regras. É possível nos apropriarmos delas, traduzindo-as ao contexto específico de nossa investigação, como vemos ao longo deste livro introdutório. Isso representa um trabalho de justificativa metodológica que pouco se vê e pelo qual pouco nos interessamos.

Notemos que os habituais compromissos metodológicos que vemos surgir no quadro recente de nossa racionalidade justificadora encampam, mas sem aprofundamento dos problemas contidos no método "teórico" do ensaio. Um exemplo disso é o método "clínico-qualitativo", que se apresenta como caso particular da metodologia qualitativa genérica, apropriando-se de conceitos psicanalíticos para ler entrevistas, apreciar condutas,

---

1   DUNKER, C. I. L.; MILLAN-RAMOS, G. & PAULON. C. *A análise psicanalítica de discursos*: a perspectiva de Lacan. São Paulo: Cores e Letras, 2016.

e que se revelou particularmente importante no contexto da investigação sobre saúde. Tal método baseia-se em uma atitude de acolhimento do *"sofrimento existencial e emocional do indivíduo"*[2] e como um *"meio científico de conhecer e interpretar significações"*, para pesquisadores que se ocupam com problemas de saúde, famílias e comunidades, envolvendo *"estruturação complexa, de foro pessoal ou íntima e emocionalmente difícil"*. Para tanto, enfatiza uma abordagem *"multidisciplinar e eclética"* combinando *"atitudes existencialista, clínica e psicanalítica, pilares do método"*[3]. Método que, por outro lado, se caracteriza como uma *"pesquisa naturalística, com dados descritivos, preocupação com o processo na qual a questão da significação é essencial"*[4].

O que vemos aqui é certo pressentimento de que discutir a forma de transmissão, publicação e partilha de nossa experiência com o sofrimento implica certa *atitude ética* de pensamento, mas também adquirir o domínio de um estilo de exposição. Mas o que seria uma atitude senão uma relação precisa e particular com a forma como se pratica um método? É o que levou Lacan à crítica à noção de "técnica psicanalítica" de modo a substituí-la pelo conceito de ética da psicanálise.

Por outro lado, apresentar tal método como uma maneira científica de interpretar significações desafia consensos e protocolos estabelecidos para que o nosso conhecimento acumulado possa ser comparado, hierarquizado e bem empregado no âmbito das decisões práticas. Isso é claro e preciso. A psicanálise exige uma maneira peculiar de ler, interpretar, reconstruir, desconstruir significações. Contudo tais significações são resguardadas por um ponto de vista muito específico, que

---

2   TURATO, E. R. *Tratado da Metodologia da Pesquisa Clínico-Qualitativa*. Petrópolis: Rio de Janeiro, 2010, p. 231.
3   *Ibid.*: p. 242.
4   *Ibid*: p. 245.

é a experiência daquele sujeito que fala. Assumir radialmente o ponto de vista do outro que fala, praticar esse desdobramento antropológico que consiste em sair de nossos próprios valores e visões de mundo para recriar o ponto de vista de nossos analisantes. Isso concorda, sobretudo, com a tese de Lacan da psicanálise como uma ciência da linguagem habitada pelo sujeito. Isso envolve, porque não uma apreensão "naturalística" ou o uso de observações, *beobachtungen*, como dizia Freud, mas que não se contentam com seu regime habitual de impessoalização e generalização, ou seja, usamos *descrições*, mas fazendo-as combinar com *narrações*. Queremos fazer ciência em forma de arte, ou arte disfarçada de ciência?

Ora, a solução filosófica integrativa representada pelo "método clínico-qualitativo" revela a natureza da dificuldade iluminando a extensão do problema. Ele responde ao mesmo problema enfrentado pela *forma ensaio*, o que não apenas explica sua incidência endêmica na produção psicanalítica, mas também nos convida a refletir melhor sobre suas falsas soluções.

Em seu artigo "O ensaio como forma"[5], Adorno recupera uma tradição de escrita, crítica e comentário que não se reduz ao público especialista, nem ao público mais geral da divulgação científica ou da opinião jornalística.

O ensaio é um procedimento metodológico que não identifica *conhecimento* com *ciência organizada*. Ele se *"queixa silenciosamente de que a verdade traiu a felicidade"* colocando o escrito mais além da moral que divide o trabalho e suas disciplinas, procurando conciliar forma artística e o conteúdo científico. Um ensaio não é apenas um estudo estético e opinativo, pela

---

5   ADORNO, T. W. O ensaio como forma. *In*: ADORNO, W. T. *Notas de literatura*. Tradução de Jorge de Almeida. São Paulo: Editora 34, 2003.

presença de conceitos, nem apenas um conjunto de sentenças descritivas e protocolares.

A forma ensaio exige que o autor explicite sua própria condição como ponto de vista. Ele não restringe e vigia a polissemia de sentidos que o conceito produzirá, nem se limita a proliferar significados particulares retoricamente defensáveis. Ele *"implica onde não há nada a explicar"*, ele acrescenta e explicita a presença da *"fantasia subjetiva que é condenada pela disciplina objetiva"*. Por isso, ele é um método importante e pertinente para temas e assuntos que *"não são indiferentes à exposição de seus conteúdos objetivados"*.

No ensaio, *a maneira como* se fala altera o *objeto do qual* se fala. Ele se caracteriza pela exposição não linear dos argumentos, mas pelo seu entrelaçamento ao modo de um tapete, preservando em sua exposição a memória de sua confecção: *"o ensaio procede metodicamente em método"*. O modo como o ensaísta ou escritor (écrivain) procede com os conceitos assemelha-se ao de *"alguém em terra estrangeira que é obrigado a falar a língua do país, em vez de balbuciar as regras que aprendeu na escola"*.

A forma ensaio tem sua aparição moderna datada usualmente em Montaigne, e este deveria, portanto, figurar como uma terceira fonte, entre Descartes, inspirador da tradição racionalista, e Bacon, fonte e origem para a tradição empirista. Seus meios não são indiferentes ao que a antiguidade chamou de retórica, inclusive no que toca à presença de certa liberdade e felicidade diante do objeto tratado.

Por isso, o ensaio renuncia à produção de certezas e é mais eficaz quando se trata de levantar dúvidas. Podemos comparar a forma ensaio com a forma método, tal qual delineada por

Descartes e hoje ainda presente na acepção mais simples e mais genérica do artigo científico:

1. Para Descartes, a verdade dá-se pela evidência presente em ideais que são claras e distintas. Inversamente, na forma ensaio pretende-se mostrar as razões produtivas da obscuridade e da indeterminação.
2. O "Discurso do método" ensina a dividir o objeto em tantas parcelas quanto possível. No ensaio, ao contrário, trata-se de intuir um ponto de vista sobre a totalidade do problema tratado em sua especificidade não redutível.
3. As *meditações cartesianas* ensinam a progredir de objetos mais simples e estabelecidos de conhecer para alcançar os mais complexos. Em oposição a esse movimento, na forma ensaio, parte-se do mais complexo, daí sua frequente representação em uma imagem, um caso ou uma situação, que o apresente em toda a complexidade que lhe é própria.
4. Nas *regras para a direção do espírito*, Descartes insiste na importância de fazer enumerações completas e revisões tão gerais quanto possível do que foi obtido como certo e seguro, em uma cadeia de deduções contínua em torno da identidade do conceito. Em contraste com isso, na forma ensaio há um recomeço, por isso seus títulos referem-se tão frequentemente a um projeto (*entwurf*), uma tentativa (*versuch*), uma "intenção tateante", uma aposta "anacrônica", que altera as referências conforme o andamento das descobertas, retendo assim o tempo da construção de pensamento na forma de sua exposição. Os enganos, impasses e obstáculos, que são excluídos como momentos malsucedidos do processo de conhecimento, não são apagados, mas transmitidos e partilhados com o leitor.

Enquanto o discurso do método de Descartes queria uma ciência do eterno, o ensaio freudiano se contenta com a soberania do instante. Vê-se, assim, que as descontinuidades de discurso guardam uma relação constante entre a forma de abordar o problema e a forma de contar a história de sua abordagem.

"É inerente à forma ensaio sua própria relativização, ele precisa se estruturar como se a qualquer momento pudesse ser interrompido. Ele pensa em fragmentos; ele encontra sua unidade ao buscá-la através dessas fraturas, e não ao aplainar a realidade fraturada"[6].

Um ensaio não é um tratado, por isso ele não chega a uma conclusão, e por isso ele é tão difícil de ser sintetizado. Ele "parodia seu próprio *a priori*" porque seu "pensamento se dá por constelação". Pensar por constelação significa levar em conta a posição dos conceitos entre si, dentro de um sistema em movimento, assim como os astrônomos consideram a posição dos planetas relativamente uns aos outros, mudando constantemente, conforme a órbita de cada um. Nisso, a forma ensaio se aproxima de uma "lógica musical", que define a "unidade de seu objeto", por uma totalidade que não é total, causando a estranha sensação, similar àquele que se depara com a teoria psicanalítica, de que ela é em certo sentido mais aberta do que deveria e mais fechada do que seria possível.

Um ensaio não declina a convocação de conceitos e referenciais teóricos e não se reduz apenas a um ponto de vista, mas inclui no ponto de vista a polêmica, a confrontação e a oposição a outros pontos de vista. Por isso, a forma ensaio inclui-se na mais geral família de "métodos" que compõe a chamada crítica da ideologia. Sem escamotear a presença do autor, tornando visível sempre que possível seu destinatário, o autor do ensaio

---
6   ADORNO, 2003, p. 10.

assume assim uma posição parcial sobre um ponto de vista da totalidade. Por isso, seu objeto preferencial são as "entidades culturalmente pré-formadas" ou os pontos nos quais "natureza e cultura" parecem estar em fronteira.

Lacan dizia que o psicanalista é "a presença do sofista em nossa época"; Adorno ressalta que, contra a tendência comunicativa e instrumental do conhecimento, o "ensaio salva um momento de sofística"[7].

"As escandalosas transições da retórica, nas quais associação livre, a ambiguidade das palavras e a omissão da síntese lógica facilitavam o trabalho do ouvinte, debilitando-o para depois submetê-lo à vontade do orador, acabam se mesclando, no ensaio, ao teor de verdade. Suas transições repudiam as deduções conclusivas em favor de conexões transversais, conexões que não tem muito espaço na lógica discursiva"[8].

O ensaio não se opõe ao procedimento discursivo, mas coordena seus elementos em vez de subordiná-los. Assim como a heresia de Lacan (seu RSI), "a lei formal mais profunda do ensaio é a heresia"[9].

O grande mérito desta introdução à transmissão da psicanálise é tratar de seu objeto trazendo também o litoral de novidades, asserções indecidas e polêmicas de nossa época. Ele o faz com a graça da forma ensaio, realizando, como se pode esperar, uma introdução que é ao mesmo tempo um ensaio para a transmissão em ato da psicanálise.

Christian Ingo Lenz Dunker
São Paulo, 14 de fevereiro de 2024.

---

7   ADORNO, 2003, p. 26.
8   *Ibid.*, p. 30.
9   *Ibid.*, p. 32.

CAPÍTULO 1
HISTÓRIA DA CLÍNICA PSICANALÍTICA

Flávia Andrade Almeida
Guilherme Félix de Souza Lopes

1.1 Aspectos biográficos de Sigmund Freud

Neste momento, nosso intuito será destacar alguns aspectos da biografia de Freud para iniciar esse percurso introdutório sobre a psicanálise. Logo de início, é fundamental enfatizar a importância de Freud não apenas como o criador da psicanálise, mas como um dos mais influentes pensadores e influenciadores de nossa história do conhecimento ocidental. Na perspectiva da tradição filosófica de pensamento, Freud aparece como um dos três *pensadores da suspeita*, ao lado de Nietzsche e Marx. Isso porque Freud foi um dos primeiros a questionar uma tradição cultural e de pensamento focada na suposta supremacia da razão, na supervalorização do intelecto e no imperativo de que o racional do ser humano deve controlar o passional, o instintual.

Contudo, quando Freud aparece em nossa história, ele mesmo nos mostra que a psicanálise é um golpe no narcisismo humano, a terceira ferida narcísica proposta por ele, já que com a psicanálise fomos confrontados com o fato de não sermos senhores em nossos próprios *eus*. O inconsciente, diria Freud, é na verdade o que nos comanda e é a parte mais importante em nosso psiquismo (Chauí, 1995). Por esse motivo, ele nos fez suspeitar incontornavelmente de toda a tradição de conhecimento excessivamente focada na racionalidade. Freud é, portanto, muito mais do que o criador da psicanálise: é um marco histórico-filosófico no modo de entender o humano. Uma outra demonstração disso é o fato de já termos incorporado em nosso vocabulário e em nossa visão de ser humano os termos psicanalíticos como: projeção, inconsciente, narcisismo, repressão etc.

Além disso, a psiquiatria já existia, mas foi Freud quem deu voz ao sofrimento psíquico dos pacientes com enfermidades psíquicas ou mentais. E o que hoje se generaliza na psicologia em termos de escuta e acolhimento só foi possível porque Freud abriu esse caminho.

Sigmund Schlomo Freud nasceu em 6 de maio de 1856 em Freiberg – à época território austríaco e atualmente parte da República Tcheca – e adotou como nome simplesmente Sigmund Freud (Nasio, 1995).

De família judaica, mas não religioso, Freud era o primogênito de Jacob Freud, um comerciante de tecidos, com Amalie Nathanson. É bem conhecido o fato de Freud ter sido muito amado por sua mãe, que o chamava de *"Sig de ouro"* e o incentivava em seus estudos. Desde cedo, Freud dava demonstrações de uma inteligência acima da média; quando adolescente, com cerca de 17 anos, já falava seis idiomas e impressionava as pessoas que o conheciam, incluindo seus professores.

Em 1860, Freud se mudou com a família para Viena, onde passaria a maior parte de sua vida. Seu pai tinha constantes problemas financeiros, pelo fato de seu comércio ter ido à falência, o que acarretou para Freud uma infância de dificuldades e uma adolescência de necessidades. Apesar de todo afeto dos pais, a família de Freud era pobre (Gay, 1989).

Em 1881, obteve o título de mestre. Freud sempre teve como prioridade contribuir nas despesas de casa e quis ser médico para ajudar financeiramente sua família. Quando conheceu Martha Bernays, mudou um pouco o foco: queria ser médico para se casar.

Em 1882, iniciou sua carreira de médico no Hospital Geral de Viena e passou a se interessar pelo trabalho clínico, sobretudo dos pacientes histéricos. A histeria era na época considerada uma epidemia e tratada como desequilíbrio mental. Não havia etiologia definida sobre a histeria, e Freud, que já era amigo do Dr. Joseph Breuer desde 1880, começou a estudar esses casos.

O emblemático caso da paciente Anna O. (pseudônimo de Bertha Pappenheim) foi tratado por Breuer e foi decisivo para o que viria a ser a psicanálise: esse método de investigação do inconsciente, da psique, essa metodologia até então inédita de fornecer uma escuta treinada para pessoas com sofrimentos psíquicos. O resultado do processo foi descrito por Anna O.: a psicanálise é uma cura pela fala, uma *"talking cure"* (Nasio, 1995). Nesse sentido, é importante sublinhar: concordando ou discordando da visão de ser humano ou dos métodos freudianos para a investigação da psique, é fato incontornável que o pai da psicanálise foi quem abriu caminho para a existência de psicoterapias focadas na escuta. Foi Freud quem possibilitou a clínica, algo que talvez não seja tão notório quanto deveria.

No início, Freud encontrou resistências por parte da comunidade médica de Viena e chegou a ser chamado de insano. No entanto, em meio a rupturas e dificuldades, persistiu com suas investigações e foi ganhando aliados e notoriedade.

Casou-se com Marta Bernays em 1886, com quem teve seis filhos, sendo Anna Freud – a mais nova – a única a seguir seus passos (Nasio, 1995).

Em 1938, a Áustria se tornou alvo de perseguição dos nazistas, e Freud, um judeu de destaque, causava incômodo.

Ele sofreu ameaças e passou por momentos muito difíceis e tristes nesse período. Precisou então recorrer a amigos e até a pacientes com influência política para sair de situações tensas. Fugiu para Londres levando tudo que tinha, sua família e suas irmãs. No entanto, quando estava prestes a embarcar para Londres, suas irmãs foram levadas pelos nazistas e não puderam embarcar. Posteriormente as irmãs de Freud foram mortas nos campos de concentração (Nasio, 1995).

Nesse período, Freud já estava doente, com um câncer na orofaringe, outro dos motivos que lhe causou grande sofrimento; chegou a passar por muitos procedimentos cirúrgicos, até que pediu à sua filha, Anna, que organizasse tudo, pois queria morrer. Anna atendeu a seu pedido, e ele partiu em 23 de setembro de 1939.

1.2 O paradigma da histeria

A fundação da psicanálise foi atravessada por diversas manifestações dos campos social, político e econômico. Podemos dizer que na raiz de sua epistemologia reside uma forma de sofrimento psíquico que se espalhou pela Europa durante o século XIX denominada de histeria.

Do grego *"hystera"*, que significa "útero", a histeria foi certo tipo de psiconeurose mais comumente ligado ao sexo feminino e acreditava-se, de fato, que a sua etiologia estava ligada ao aparelho reprodutor feminino. Os sintomas mais clássicos da histeria envolviam conversões somáticas, confusão mental, perda de memória e dissociações.

Em "Estudos sobre a histeria" (1895/2016), Freud e Joseph Breuer introduz o tema da histeria e qual é o método que está sendo desenvolvido para o tratamento. No século XIX, a histeria era tratada como uma doença dos nervos que dividia a comunidade médica, pois não havia causas orgânicas claras que pudessem explicar seus sintomas. Essa falta de uma base física tangível gerava debates intensos entre os médicos, que buscavam compreender e tratar um distúrbio que desafiava os paradigmas científicos da época. Nesse contexto, diversas escolas de medicina se empenhavam em encontrar métodos eficazes para pesquisar e tratar a histeria, explorando desde abordagens fisiológicas até psicológicas. Freud, ao lado de Josef Breuer, propôs uma nova perspectiva, sugerindo que os sintomas histéricos estavam ligados a traumas psíquicos reprimidos, inaugurando assim uma abordagem que viria a revolucionar o campo da psicologia e da psiquiatria. De modo embrionário, a pesquisa de Freud o coloca na direção de que a histeria tem a sua gênese em um trauma psíquico: "De maneira análoga, para muitos, senão para a maioria dos sintomas histéricos, nossas investigações revelaram causas imediatas que devemos designar como traumas psíquicos" (p. 22). A ideia de Freud é que um evento, uma cena poderia não ser suportada pelo sujeito, e a angústia provocada é ab-reagida, ou seja, não encontra modos de descarga no momento da ocorrência, indo então em direção ao corpo, constituindo os sintomas. Assim, os sintomas são a representação desse afeto que não encontrou uma ação ou atitude para que pudesse se manifestar. Evidentemente, Freud aqui já havia estudado os mestres franceses e já era médico formado. Estava em uma espécie de supervisão com Breuer, que acompanhava de perto o quadro das histéricas. Todavia Freud tem uma preocupação que nos parece genuína e muito peculiar, que o diferencia dos modos de tratamento para a histeria em sua época.

Cabe aqui incluir as duas escolas de medicina que influenciaram Sigmund Freud durante seu percurso na França. Jean-Martin Charcot foi mentor de Freud entre 1885 e 1886 durante o estágio no famoso hospital francês La Salpêtrière e era uma inspiração, Freud chegou a batizar seu filho com o nome de seu mestre. Charcot supunha que a histeria era uma psiconeurose de origem hereditária, de manifestações orgânicas e que apresentava sintomas estruturados, capazes de serem evocados e tratados pelo uso da hipnose, técnica que acompanhou Freud durante o início de sua carreira. Contudo, Charcot não foi a única influência significativa na carreira de Freud. Em junho de 1889, Freud foi estudar uma outra escola de tratamentos para a histeria em Nancy, na França, onde aprendeu com o rival de Charcot – o médico Hippolyte Bernheim – a técnica da sugestão hipnótica. Para Bernheim, a histeria era um estado de sugestionabilidade, e a sua técnica visava a cura dos sintomas. Notemos que a influência de Charcot com a hipnose e o rebaixamento da consciência e o método de sugestão de Bernheim influenciaram a técnica psicanalítica de livre associação (Roudinesco, 1998).

Nas escolas de medicina, a paciente histérica era tratada sendo exposta a um grupo de homens médicos. A exposição do feminino, as teorias de que a histeria era uma simulação, uma mera doença de nervos ou até mesmo condicionada à falta de prática sexual, faz com que o método de Freud, ainda incipiente, lance luz sobre uma nova perspectiva: um método que vise compreender o sofrimento e o afeto. Mais do que isso, Freud prefere tratar as suas pacientes de modo particular e discreto, sem expor as suas histórias e preservando a relação dessa dupla analítica, que se desenvolverá como a importante ferramenta de um analista.

Fica evidente a preocupação de Freud com o afeto e com a história de vida do paciente. Sobre isso: "Vários traumas parciais, causas agrupadas, que apenas se somando puderam manifestar efeito traumático, e que formam um conjunto por serem, em parte, componentes de uma única história de sofrimento" (Breuer; Freud, 1893, p. 22). Nesse sentido, Freud, ainda que primariamente, já demonstra interesse e cuidado para dar voz ao sofrimento do paciente como algo constituinte do método analítico.

A singularidade do paradigma da histeria desenhado por Freud, em contraposição às práticas predominantes, destaca-se como um elemento crucial para a criação da psicanálise. Ao optar por um método que transcende as generalizações de gênero e trata o sofrimento de maneira individualizada, Freud estabelece as bases para uma abordagem terapêutica centrada na compreensão do afeto e na escuta atenta das histórias de vida dos pacientes. Essa ênfase na singularidade do sofrimento, associada à sensibilidade do método analítico em preservar a privacidade e construir relações respeitosas, solidifica a histeria como um ponto de partida determinante e precursor para o desenvolvimento da psicanálise.

1.3 Trauma e sedução

Apresentaremos agora duas hipóteses sobre a origem da histeria que marcaram um período pré-psicanalítico. Durante o processo de tratamento de suas pacientes, Freud notou uma conexão recorrente: muitas delas apresentavam conteúdos ligados a cenas de abuso sexual, frequentemente envolvendo mulheres ou crianças. Esse *insight* levou Freud a conjecturar sobre a possível relação entre o trauma sexual e a origem das neuroses, representando um ponto de virada em sua compreensão da histeria. Ele vislumbrava a resolução iminente desse complexo fenômeno, pois as narrativas convergiam para essa temática, sugerindo um fator até então não considerado. Sua primeira hipótese era que o trauma fundador da neurose seria de cunho sexual e dividido em dois tempos, a saber: o ato do abuso sexual na infância, quando a criança ainda não tinha consciência sobre aquilo, que passa por um período de latência, até que, em um segundo momento, aparece na puberdade, fase em que o adolescente, no curso do desenvolvimento de sua sexualidade, tomava consciência da cena traumática na infância, evocando uma ação do recalque. Quando a cena traumática era recalcada, produzia-se então o sintoma neurótico.

Contudo, ao aprofundar suas investigações, Freud deparou-se com uma lacuna frustrante: a falta de evidências concretas que comprovassem a ocorrência dos abusos relatados por suas pacientes. Esse momento se revelou particularmente desafiador para ele, já que coincidiu com o falecimento de seu pai. Em meio a essa fase difícil, Freud, que reconhecia sua própria condição neurótica, chegou a levantar a hipótese, posteriormente não confirmada, de que pudesse ter sido vítima de abuso por parte de seu pai na infância. Essa interseção entre sua vida pessoal e a busca por compreender a origem da histeria marcou um período decisivo em sua trajetória profissional e no desenvolvimento da psicanálise. Aqui temos sua segunda hipótese: se estamos diante de uma propagação de casos de histeria, temos também um número considerável de pais abusadores. Nesse momento, Freud elaborou a teoria da sedução, que elucidava a função sedutora de adulto na relação com a criança.

A indagação sobre a veracidade das cenas relatadas pelos pacientes trouxe a Freud uma percepção intrigante. Ele observou que, por vezes, as mulheres inventavam, de maneira não intencional de mentir ou simular, cenas de sedução que nunca tinham ocorrido. Em outras situações, quando essas cenas realmente haviam acontecido, não havia uma explicação clara para o surgimento das neuroses. Diante dessa complexidade, Freud desenvolveu a ideia de que esses eventos não eram meras mentiras, mas sim fantasias, o que o conduziu a explorar uma "outra cena", afastando-se da busca pelo real e adentrando o terreno da realidade psíquica, governada por um inconsciente em constante movimento.

Para organizar esse intricado panorama, Freud iniciou uma investigação mais profunda na psique, reconhecendo que as narrativas fantasiosas das pacientes eram expressões de uma realidade psíquica subjacente. Esse deslocamento de foco, longe do evento real para a dimensão do inconsciente, marcou uma mudança significativa em sua abordagem. O ápice desse redirecionamento teórico foi expresso em uma carta a seu amigo Fliess em 21 de setembro de 1897, quando Freud oficialmente renunciou à teoria da sedução. Esse momento seminal representou não apenas uma revisão teórica, mas também sinalizou o início de uma nova fase na construção da psicanálise, consolidando a importância do inconsciente na compreensão dos processos mentais. A teoria dos sonhos foi um ponto-chave para essa mudança teórica, pois permitia a investigação das fantasias inconscientes.

1.4 Teoria sobre os sonhos

O marco definitivo na trajetória da psicanálise foi a publicação de sua obra magna "A interpretação dos sonhos", em 1900. Esse tratado não apenas quebrou os grilhões da visão positivista predominante na psicologia, mas também lançou os fundamentos da metapsicologia. O abandono das posturas médicas tradicionais e a adoção do modernismo científico foram cruciais para a superação do impasse em torno da teoria da sedução. Ao abraçar uma abordagem mais contemporânea e reconhecer a importância da sexualidade, Freud deu um passo decisivo em direção à consolidação da psicanálise como uma disciplina revolucionária e intrinsecamente ligada à compreensão da complexidade humana.

O aspecto central em sua obra é a concepção dos sonhos como uma atividade psíquica estruturada e organizada, um território onde as camadas mais profundas da psique revelam-se. Foi por meio do método revolucionário da associação livre que Freud desvelou as complexidades oníricas, proclamando que "A interpretação dos sonhos é a via régia que conduz ao conhecimento do inconsciente da vida psíquica" (Freud, 2019, p. 517).

Freud considerava o paradigma dos sonhos como o fundador da psicanálise. A seguir, é citado um dos sonhos relatados pelo próprio Freud para explicar os mecanismos de formação dos sonhos e duas derivações: a estruturação do aparelho psíquico e as pistas sobre o complexo de Édipo.

Freud relata:

> Há décadas eu mesmo não tenho um verdadeiro sonho de angústia. Lembro-me de um sonho desses que tive aos sete ou oito anos de idade e que trinta anos depois submeti à interpretação. Era bastante vívido e mostrava minha querida mãe com uma expressão facial singularmente tranquila, adormecida, sendo carregada para o quarto por duas (ou três) pessoas com bicos de pássaro e posta sobre a cama. Acordei chorando e gritando e perturbei o sono dos meus pais. As figuras com bicos de pássaro, altas em demasia, peculiarmente ornamentadas, eu havia tirado das ilustrações da Bíblia de Philippson. Creio que eram deuses com cabeças de gavião-da-europa, de um baixo relevo funerário egípcio. De resto, a análise me fornece a lembrança do filho mal-educado de um zelador, que costumava brincar conosco na relva diante da casa; acho que seu nome era Philipp. Parece-me que foi desse garoto que ouvi pela primeira vez a palavra vulgar que designa a relação sexual e que as pessoas instruídas costumam substituir pelo termo latino *coitus*, mas que é caracterizada nitidamente pela

escolha das cabeças de gavião. Devo ter adivinhado o significado sexual da palavra pela expressão facial do mestre experiente. No sonho, a expressão do rosto de minha mãe era copiada daquela do meu avô, que eu tinha visto poucos dias antes da morte, em coma e roncando. A interpretação feita pela elaboração secundária no sonho devia ser que minha mãe estava morrendo, com o que também condizia o baixo relevo funerário. Foi nessa angústia que acordei e na qual continuei até despertar meus pais. Lembro-me de que me acalmei subitamente quando vi minha mãe, como se necessitasse da informação tranquilizadora: "Ela não morreu". Essa interpretação secundária do sonho, porém, ocorreu já sob a influência da angústia desenvolvida. Eu não estava angustiado porque tinha sonhado que minha mãe havia morrido; interpretei assim o sonho na elaboração pré-consciente, porque já estava sob o domínio da angústia. Mas a angústia remete, por meio da repressão, a um desejo obscuro, claramente sexual, que encontrou uma boa expressão no conteúdo visual do sonho (Freud, 2019, p. 636-637).

Conseguimos verificar no sonho relatado elementos importantes para entender tanto a sua formação como o modo de interpretação. Freud sonha com sua mãe, a adorável Amalie, deitada como se estivesse morta. Vê em cima dela a palavra *"vogel"*, que em alemão significa "pássaro", assim como aqueles representados pelos gaviões que estavam em cima de sua mãe. A princípio, Freud acredita ser um sonho de angústia relacionado à morte, mas, em sua análise, percebe que a palavra *"vogel"* é semelhante à palavra *"vögeln"*, que significa sexo. Para que possamos articular esses elementos, é necessário entender que os sonhos são como mensagens cifradas. Não que os sonhos carreguem significados instantâneos, mas sim que foram codificadas para não serem acessados pela consciência.

Esse processo de codificação, chamamos de deformação. O principal agente da cifração dos sonhos é a censura, um resquício de consciência que não permite que certos conteúdos se tornem perceptíveis pelo indivíduo. Afinal de contas, verificamos anteriormente que certos pensamentos e desejos nocivos para a consciência são reprimidos. A "outra cena" que mencionamos é justamente o inconsciente, um reservatório desses conteúdos que insistem em se ligar à consciência novamente. No sonho de Freud, verificamos um conflito edipiano que advém de um desejo recalcado de tomar a mãe como objeto de satisfação sexual. Tal desejo fora recalcado e retorna no sonho cifrado.

No âmbito da psicanálise, Sigmund Freud delineou a complexidade dos sonhos, propondo uma divisão entre o conteúdo manifesto e o conteúdo latente. O primeiro refere-se àquilo que conseguimos recordar e relatar após acordar, enquanto o segundo permanece oculto, emergindo apenas por meio da associação livre, revelando significados inconscientes. O trabalho do sonho, segundo Freud, consiste em uma série de operações psíquicas que transformam o conteúdo latente em manifesto, distorcendo sua essência original.

Contrapondo-se a esse processo, o trabalho de análise psicanalítica opera de maneira inversa, desvelando os estratos do conteúdo latente e revelando seu significado subjacente. A exploração dos sonhos durante a análise emerge como uma ferramenta crucial para a compreensão do inconsciente do indivíduo. Inicialmente, Freud postulava que a conscientização de desejos inconscientes poderia conduzir à cura dos sintomas neuróticos. Entretanto, ao longo da experiência clínica, essa concepção foi reinterpretada, desencadeando uma evolução no entendimento da interação entre o consciente e o inconsciente na psicanálise.

No universo onírico, o sonho emerge como uma expressão distorcida de desejos inconscientes reprimidos, cuja verdadeira natureza é obscurecida por mecanismos psíquicos específicos.

Dois processos fundamentais atuam na deformação do desejo no sonho: a condensação e o deslocamento. A condensação opera comprimindo múltiplos elementos psíquicos — como pensamentos, imagens ou afetos — em uma única representação onírica, criando uma síntese densa e muitas vezes enigmática. Já o deslocamento atua desviando a carga afetiva ou a importância de um elemento central para outro aparentemente trivial ou secundário, mascarando assim o conteúdo latente do desejo. Trabalhando em conjunto, condensação e deslocamento formam um compromisso psíquico, no qual pensamentos cruciais são substituídos por elementos acessórios, distanciando o sonho de seu significado inconsciente original. Essas leis do inconsciente não apenas deformam o desejo, mas também garantem que ele permaneça disfarçado, permitindo sua expressão sem confrontar diretamente a censura psíquica.

A figuração surge como uma operação transformadora, convertendo pensamentos oníricos em imagens, incorporando restos diurnos (elementos da rotina que foram adicionados durante o dia) relacionados aos desejos reprimidos. A elaboração secundária intervém quando tentamos organizar o sonho de forma coerente durante o estado de vigília, geralmente logo quando acordamos, revelando a marca do desejo inconsciente. A dramatização, por sua vez, teatraliza o conteúdo do sonho como se estivesse seguindo um roteiro preestabelecido.

A censura, como agente principal na distorção dos sonhos, atua na fronteira entre o consciente e o inconsciente, permitindo apenas o que lhe é agradável. Durante o sono, essa censura relaxa, permitindo a manifestação do conteúdo reprimido na forma de sonhos, embora nunca totalmente desativada. Essa tensão entre a censura e o reprimido resulta em um compromisso, essencial para preservar a integridade do sonho.

O sonho revela-se como o guardião do sono, uma função fundamental – pois, ao dormir, o sujeito descansa, recompõe o corpo, ao passo que vivencia desejos –, enquanto os símbolos desempenham um papel importante na burla da censura. Freud destaca dois tipos de símbolos: universais, relacionados ao cotidiano de uma época; e individuais, vinculados à história do sonhante. Esses mecanismos de (de)cifração exploram como a censura, longe de ser exclusiva dos sonhos, permeia outros aspectos da psique humana e se manifesta também nas demais manifestações do inconsciente.

Observamos que, no sonho de Freud, os elementos se conectam de maneira a revelar um desejo reprimido, bem como sua codificação e decodificação. Agora, é necessário apresentar a compreensão do aparelho psíquico delineado em sua obra.

Freud estruturou o aparelho psíquico em três instâncias distintas: inconsciente, pré-consciente e consciente, com o objetivo de sistematizar as funções específicas dessas dimensões mentais interrelacionadas. Esse modelo, desenvolvido no século XIX, integra a metapsicologia freudiana, uma formulação conceitual abstrata que busca descrever e explicar os processos psíquicos em sua complexidade, considerando aspectos topográficos, dinâmicos e econômicos. A consciência atua como mediadora na relação entre o mundo interno do indivíduo e o externo, regulando as interações entre ambos. Nesse contexto, a percepção de um desejo como positivo ou negativo é influenciada pelos valores sociais vigentes, que contribuem para a construção de um entendimento moral. O pré-consciente, por sua vez, funciona como um filtro que regula o acesso de conteúdos à consciência, sendo o local onde se manifesta a censura, responsável pela deformação dos conteúdos oníricos. Por fim, o inconsciente constitui a instância mais inacessível do psiquismo, abrigando as pulsões humanas e os conteúdos excluídos da consciência. Na perspectiva psicanalítica, os eventos vividos não são completamente perdidos, mas permanecem no inconsciente, buscando alguma forma de descarga (ab-reação). O inconsciente é também o locus das pulsões, definidas como impulsos dinâmicos dotados de uma fonte, um objetivo e um objeto. Essas pulsões emergem das dinâmicas de satisfação e prazer decorrentes das experiências corporais, que adquirem representação psíquica, configurando-se, assim, como uma fronteira entre o psíquico e o somático. A metapsicologia freudiana, portanto, oferece um arcabouço teórico para compreender a dinâmica dos processos mentais e sua relação com as experiências subjetivas e sociais.

Na literatura psicanalítica, o conceito de pulsão é traduzido do alemão *"trieb"*, termo original do alemão. Contudo, quando os textos de Freud desembarcaram em território anglo-saxão, o termo foi traduzido por "instinto". Veremos mais adiante o motivo de diferenciar a pulsão do instinto.

Retomemos o processo de cifração dos sonhos. Quando uma ideia nociva chega perto da consciência (como algum tipo de desejo sexual), o psiquismo aciona um mecanismo de defesa chamado de recalque, que tem como objetivo remover aquele conteúdo da consciência. O recalque é uma forma repressora que atua em nível inconsciente. É importante fazer a diferenciação, pois outros tipos de repressão atuam em nível pré-consciente; sendo assim, seu conteúdo pode ser acessado pela força da memória – enquanto o recalque sempre atuará em dimensões mais profundas.

Aquele conteúdo recalcado não está perdido. O recalque nunca será um executor perfeito de suas funções, deixando resquícios daquele conteúdo para atrás. Esses resquícios buscam retornar para a consciência com a finalidade de descarregar (prazer). Quando esse conteúdo retorna, a censura, que atua em nível pré-consciente, cifra e seleciona o que pode então se manifestar. A formação dos sintomas em psicanálise ocorre de forma análoga: o conteúdo recalcado retorna na afirmação de um compromisso entre forças reprimidas e repressoras. Por exemplo, a dor física de uma conversão histérica tem uma relação simbólica com o desejo inconsciente e poupa essa pessoa, então, da dor de assumir um desejo proibido. Dessa forma, a concepção de sintoma se difere da medicina que entende o sintoma como algo que indica doença e que, portanto, deve ser eliminado. Em psicanálise, não encontramos essa concepção, pois o tratamento aponta para uma apropriação do sujeito frente ao seu desejo, e isso se dá pela escuta do sintoma.

Posteriormente, Freud desenvolveu um segundo modelo para explicar o psiquismo, influenciado por suas experiências clínicas. Esse modelo, conhecido como segunda tópica, reorganiza a mente em três instâncias: o id, o eu e o supereu. No texto "O eu e o id", de 1923, Freud introduz o conceito de supereu e questiona se o eu pode ser totalmente equiparado à consciência. Na segunda tópica, o eu assume o papel de mediador da realidade, lidando com as pressões pulsionais do id, que é o reservatório inconsciente dos desejos e impulsos, e as demandas morais, culturais e sociais impostas pelo supereu. O supereu, por sua vez, é a instância psíquica que surge a partir do complexo de Édipo, funcionando como a consciência moral que introjeta no sujeito as normas éticas e culturais. Ele reposiciona o indivíduo a partir da castração simbólica, articulando-o com as regras da sociedade e as expectativas morais. O eu, portanto, tem uma tarefa complexa e desafiadora: conciliar as exigências pulsionais do id com as restrições impostas pelo supereu, buscando equilibrar essas forças antagônicas.

A segunda tópica foi necessária para Freud redesenhar sua compreensão da compulsão à repetição, especialmente a partir da análise dos sonhos traumáticos, que revelavam a persistência de conteúdos inconscientes não resolvidos. Além disso, Freud descreveu três feridas narcísicas que marcaram a história do pensamento humano: a ferida cosmológica, com Copérnico, que mostrou que a Terra não era o centro do universo; a ferida biológica, com Darwin, que evidenciou a descendência comum entre humanos e animais; e a ferida psicológica, com a própria psicanálise, que demonstrou que o ser humano não é senhor de si mesmo, pois é governado por forças inconscientes (Freud, 1917/2010). Essas feridas reforçam a ideia de que a psicanálise freudiana evidencia a centralidade do inconsciente na constituição do sujeito e na dinâmica psíquica.

Cabe aqui esclarecer que, com certa frequência, tais agentes da segunda tópica são referidos como id, ego e superego. O uso destes termos deriva da tradução da obra freudiana de James Strachey para o inglês, que utilizou de termos importados do latim para caracterizar tais agentes. O isso vem do pronome alemão neutro da terceira pessoa do singular "*es*"; o eu, do pronome "*ich*"; e o supereu, do "*über-ich*", conceituando a segunda tópica como instâncias psíquicas (Roudinesco, 1998).

Essa remodelação foi necessária pois desde 1920, em "Além do princípio de prazer", Freud estava intrigado com os sonhos traumáticos. Ao lermos que sonhos são satisfações cifradas de desejos, podemos nos questionar sobre qual é, então, o papel dos sonhos traumáticos, do desprazer causados por eles e pelas noites maldormidas devido aos pesadelos.

Freud introduz nessa obra o conceito de pulsão de morte. Esse conceito foi elaborado nas experiências clínicas durante a Primeira Guerra Mundial. A natureza da pulsão de morte seria inerente a um estado de retorno para o inorgânico, elucidando que a finalidade da vida seria a própria morte. Essa pulsão está em conflito com a pulsão de vida (Eros), em que uma destrói o que a outra constrói, tal qual a dualidade de super-heróis e supervilões. Quando temos um sonho que reflete uma situação traumática, existe ali uma tentativa de dominar a situação de modo retroativo, buscando dominar ou evitar aquilo que produz o desprazer.

1.5 O que é sexualidade para a psicanálise?

O leitor já deve ter em algum momento pesquisado ou conversado com alguém sobre a psicanálise. É bem provável que tenha se deparado com os seguintes comentários: "Psicanalistas só sabem falar sobre sexo!", "Freud era um pervertido!", "Tudo no sonho significa sexo!".

De fato, uma pessoa leiga que entre em contato com a obra freudiana pode mesmo aderir a tais discursos. Pretendemos agora elucidar do que de fato tratamos quando falamos de sexualidade em psicanálise. Para isso, vamos analisar aspectos mais introdutórios do famigerado artigo "Três ensaios sobre a teoria da sexualidade", publicado por Freud em 1905, com ideias mais interessantes, que foram incipientes no paradigma da histeria e na teoria dos sonhos.

O texto, publicado em 1905, sujeito a comentários e acréscimos desde sua publicação original, marca um ponto-chave no desenvolvimento das teorias psicanalíticas. Segundo Freud, a neurose (histeria) inicialmente derivava de uma sedução sexual sofrida na infância, tornando-se nociva e alvo do recalque, com o trauma dividido em dois tempos: o primeiro, da sedução, e o segundo, na puberdade. No entanto, esse projeto freudiano inicial enfrentou falhas, pois ainda não havia um entendimento claro sobre a neurose, e o discurso foi permeado por fantasias, revelando a complexidade da sexualidade infantil.

Garcia-Roza enfatiza que as lembranças das seduções não eram mentirosas, mas sim fantasias originadas de impulsos edipianos intensos. Segundo suas palavras, "a sedução não era real, não era possível negar a realidade das narrativas de sedução feitas pelos pacientes. Essas histórias passam a ser consideradas, então, como fantasias cuja elaboração foi decorrente de impulsos edipianos anormalmente intensos" (Garcia-Roza, 2009,

p. 95). Os "Três ensaios sobre a teoria da sexualidade", de Freud, oferecem uma arqueologia da sexualidade que contribui para a formação do complexo de Édipo, conforme revelado em uma carta a Fliess em 1897.

A primeira parte aborda as perversões sexuais, com Freud desafiando as concepções estabelecidas sobre a sexualidade como um instinto com finalidade reprodutiva. Ele introduz o conceito de pulsão, representando o componente psíquico de uma fonte endossomática de estimulação. Nas palavras de Freud, "por 'pulsão' podemos entender, a princípio, apenas o representante psíquico de uma fonte endossomática de estimulação que flui continuamente" (Freud, 2016, p. 18). A pulsão, diferenciando-se do instinto, amplia a compreensão da sexualidade, levando à necessidade de repensar o desvio em relação aos objetos e à heteronormatividade.

Garcia-Roza destaca que "a noção de pulsão (*trieb*) amplifica a sexualidade para além do instinto, sendo necessário repensar o desvio em relação ao objeto que Freud denominará como 'invertidos', ou seja, são aqueles que se ligam aos objetos que pervertem ou subvertem os objetos estipulados pelo instinto e pela heteronormatividade" (Garcia-Roza, 2009, p. 98). Assim, o objeto não é fixo, mas pode ser reinterpretado ou redirecionado, ampliando a compreensão da sexualidade para além de normas predefinidas, seja pela biologia, sociedade ou religião.

A pulsão sexual tem como seu principal produto a libido. Esse conceito, que aparece de forma recorrente nos textos de Freud, pode ser entendido como uma energia pela qual investimos em determinados objetos. Aqui cabe uma analogia: a pulsão pode ser assimilada como uma espécie de motor, enquanto a libido é o calor produzido pelas suas combustões. É justamente pela via da libido que a sexualidade do sujeito será constituída.

Freud avança para o segundo ensaio, explorando a sexualidade infantil, anteriormente evitada socialmente e negada. O conceito de autoerotismo é introduzido, descrevendo um estado original da sexualidade infantil anterior ao narcisismo. Segundo as palavras do autor, "caracterizar um estado original da sexualidade infantil anterior ao do narcisismo, no qual a pulsão sexual, ligada a um órgão ou à excitação de uma zona erógena, encontra satisfação sem recorrer a um objeto externo" (Garcia-Roza, 2009, p. 99).

A explicação da origem do autoerotismo revela a dissociação da pulsão sexual em relação ao instinto, com a pulsão de autoconservação fornecendo suporte para seu surgimento. Nas palavras de Freud, "a necessidade de repetir a satisfação sexual dissocia-se então da necessidade de absorção de alimento" (Freud, 1905, p. 24). A pulsão, antes apoiada, se descola do instinto, constituindo a diferença entre o sexual como instinto e o sexual como pulsão.

Garcia-Roza destaca que "é essa dissociação da pulsão sexual com respeito ao instinto que vai constituir a diferença do sexual entendido como instinto em face do sexual entendido como pulsão" (Garcia-Roza, 2009, p. 101). Freud avança para as zonas erógenas, enfatizando a importância da fantasia na fonte da pulsão sexual.

O autor expande a discussão para as organizações pré-genitais, como a oral, sádico-anal e fálica. A teoria da organização da libido é introduzida, definindo fases libidinais como etapas do desenvolvimento sexual, cada uma com desafios específicos. Nas palavras do autor, "a noção de fase libidinal designa uma etapa do desenvolvimento sexual da criança caracterizada por uma certa organização da libido determinada ou pela predominância de uma zona erógena ou por um modo de relação de objeto" (Garcia-Roza, 2009, p. 102).

Ademais, Garcia-Roza destaca as duas primeiras fases pré-genitais distinguidas por Freud – a oral e a sádico-anal – e posteriormente a introdução da fase fálica, em 1923. Segundo o autor, "somente em 1923 ele incluiu uma terceira fase pré-genital, a fálica, que, apesar de genital, reconhece apenas uma espécie de genital: o masculino" (Garcia-Roza, 2009, p. 104).

Freud teoriza que cada estágio psicossexual apresenta desafios ou tarefas específicas, moldando a personalidade com base na forma como se lida com esses desafios. A noção de fixação é crucial, implicando uma interrupção do desenvolvimento emocional e afetando a personalidade adulta. Freud descreve cinco estágios psicossexuais e como a fixação pode ocorrer devido à gratificação ou à frustração excessiva das necessidades psicossexuais em um estágio específico.

As fases dos estágios psicossexuais são:

- **Estágio oral:** ocorre no primeiro ano de vida, quando a boca se torna o objeto da pulsão sexual, e o seu objetivo se concentra em incorporar o prazer, ao mesmo tempo que o bebê também satisfaz a sua fome durante a amamentação. As ações orais são de sugar e morder. As fixações neste estágio levam o sujeito a vivenciar intensas ansiedades, e, por causa disso, ele passa a se defender delas com estimulações orais.

- **Estágio anal:** durante o segundo ano, as crianças experimentam o prazer erótico com o controle do esfíncter, sendo este o objeto da pulsão sexual. O objetivo é obter prazer por meio da retenção ou expulsão das fezes. Neste estágio, a criança experimentará os seus impulsos sádicos e terá que lidar com as primeiras tentativas da sociedade de regular esses impulsos em decorrência do desfralde. O ensino freudiano concebe que fixações neste estágio são marcas distintas da neurose obsessiva.

- **Estágio fálico:** entre 3 e 5 anos, os genitais se tornam o foco da energia erótica, com autoestimulação predominante. O pênis será o primeiro órgão percebido por meninos e meninas; e, sendo ele a principal fonte de prazer, passará a ser valorizado pela criança, o que permite que o pênis ganhe valor simbólico, passando então a ser chamado de falo. O falo seria o representante do poder e da onipotência infantil, mas também representa a falta e o medo de perder. É neste estágio que o complexo de Édipo se inicia.
- **Estágio de latência:** dos 5 anos até a puberdade, a sexualidade é reprimida e torna-se latente. A fase é marcada pela expansão de contatos sociais além da família, com a energia sexual expressa em relações não sexualizadas.
- **Estágio genital:** com a puberdade, a satisfação sexual ocorre por meio da sexualidade direcionada a um parceiro. A energia sexual é canalizada para objetos, e não para o próprio sujeito, marcando o desenvolvimento da personalidade. O sujeito deve aprender a amar, estabelecer relações sociais satisfatórias e trabalhar para transformar o ambiente e satisfazer suas necessidades.

Em todas as fases, o desenvolvimento psicossexual molda a personalidade, influenciando a forma como o ego lida com impulsos libidinais, busca soluções para demandas internas e externas e desenvolve laços afetivos e perspectivas morais. Conflitos persistem na fase genital, na qual o sujeito desenvolve a capacidade de amar e trabalhar, resultando em uma personalidade mais elaborada.

Nessa perspectiva, gostaríamos de tomar a homossexualidade como um exemplo para ilustrar como a sexualidade é construída. A homossexualidade aparece aqui como uma possibilidade de relação com os objetos permeada pelo campo da libido, que se enlaça com a fantasia. Para a psicanálise, ela não seria uma "doença", "desvio" ou "anormalidade", mas a forma pelo qual a sexualidade humana se constitui para além dos seus instintos e determinismos biológicos.

Abordaremos agora o conceito de narcisismo e sua relação com a sexualidade, conforme elaborado por Sigmund Freud. Para tanto, é necessário retomar o mito grego de Narciso, que Freud (1914/2010) utilizou como metáfora para explicar a constituição do Eu e o amor que o indivíduo dirige a si mesmo. No mito, Narciso é um jovem de beleza extraordinária que, ao se apaixonar por sua própria imagem refletida na água de uma fonte, é incapaz de se desvencilhar dela. Amaldiçoado por Nêmesis a pedido da ninfa Eco, Narciso consome-se em sua auto-obsessão, deixando de comer e beber até morrer à margem da fonte. Dessa narrativa, origina-se não apenas o termo "narcisismo", mas também a associação com a flor de narciso, frequentemente encontrada próxima a fontes de água.

O texto freudiano de 1914, intitulado "Introdução ao Narcisismo", é fruto de quase uma década de estudos sobre fenômenos como a homossexualidade e a constituição do Eu. Trata-se de um trabalho metapsicológico e especulativo, no qual Freud busca compreender os desdobramentos do narcisismo nas neuroses e psicoses. Ele observa que, nas neuroses de transferência, o Eu é capaz de distinguir-se da realidade por meio da fantasia, sem, contudo, perder completamente o contato com o mundo externo. Freud afirma:

> Também o histérico e o neurótico obsessivo abandonam, até onde vai sua doença, a relação com a realidade. A análise mostra, porém, que de maneira nenhuma suspendem a relação erótica com pessoas e coisas. Ainda a mantêm na fantasia, isto é, por um lado substituem os objetos reais por objetos imaginários

de sua lembrança, ou os misturam com estes, e por outro lado renunciam a empreender as ações motoras para alcançar as metas relativas a esses objetos (p. 11).

No entanto, Freud identifica um grupo de pacientes que não consegue estabelecer um vínculo transferencial com o analista devido a rupturas significativas com a realidade. Esses casos, que ele denomina "neuroses narcísicas", incluem psicóticos e maníaco-depressivos, nos quais a libido é retraída e direcionada para o próprio Eu, impedindo a formação de relações objetais. Para Freud, tais pacientes eram considerados inanalisáveis, pois a transferência, elemento central da técnica psicanalítica, não poderia ser estabelecida.

Para compreender o narcisismo como fenômeno constitutivo do Eu, é útil recorrer à experiência do bebê em seus primeiros meses de vida. Inicialmente, ele não reconhece a existência de objetos externos, incluindo os pais. Ao ser amamentado, ele experimenta uma satisfação oral e, em sua fantasia primitiva, o seio materno é percebido como parte de si mesmo. Esse momento marca o início do que Freud denominou narcisismo primário, no qual o bebê descobre seu corpo como fonte de prazer: ele suga o dedo, libera o esfíncter ao seu bel-prazer e acaricia a própria pele. Esse autoerotismo reflete a centralização do mundo do bebê em si mesmo, como se ele pudesse criar objetos apenas pela força de seu desejo por satisfação, caracterizando um Eu Ideal.

No entanto, à medida que o bebê amadurece, ele se depara com frustrações: é desmamado, desfraldado e confrontado com interdições impostas pela realidade externa. Nesse processo, ele percebe que o centro do mundo não é mais seu corpo e que existem outros, especialmente os pais, que exercem um papel central em sua vida. Agora, o bebê direciona sua libido para os pais, reconhecendo a diferenciação entre si e os outros. Esse movimento é chamado por Freud de narcisismo secundário, no qual a criança busca preencher o espaço entre si e os outros com seu amor narcísico, pensando: "Agora vou amar o papai e a mamãe para que eles me amem de volta". Esse processo é crucial para a introdução da criança na trama edípica.

O narcisismo infantil será elaborado ao longo do complexo de Édipo, por meio da repressão da sexualidade infantil. No entanto, Freud argumenta que nenhum ser humano consegue abandonar completamente seu ideal narcísico. Ele afirma:

> A esse ideal do Eu dirige-se então o amor a si mesmo, que o Eu real desfrutou na infância. O narcisismo aparece deslocado para esse novo Eu ideal, que como o infantil se acha de posse de toda preciosa perfeição. Aqui, como sempre no âmbito da libido, o indivíduo se revelou incapaz de renunciar à satisfação que uma vez foi desfrutada. Ele não quer se privar da perfeição narcísica de sua infância, e se não pôde mantê-la, perturbado por admoestações durante seu desenvolvimento e tendo seu juízo despertado, procura readquiri-la na forma nova do ideal do Eu. O que ele projeta diante de si como seu ideal é o substituto para o narcisismo perdido da infância, na qual ele era seu próprio ideal (p. 27-28).

O Ideal do Eu é uma transformação do Eu Ideal e representa uma das faces do Eu. Essa distinção é fundamental para compreender a natureza não coesa do Eu. Quantas vezes o indivíduo projeta uma imagem de perfeição para si mesmo para tentar lidar com suas próprias limitações? O Ideal do Eu é um espelhamento movido pela modificação do narcisismo infantil (realizado pela repressão), no qual internalizamos um ideal de perfeição que busca resgatar a experiência de completude vivida na infância. Esse processo dá origem a uma consciência moral, na qual a criança, antes voltada para agradar narcisicamente os pais, passa a buscar a aprovação de figuras simbólicas, como professores ou outras autoridades.

Portanto, o narcisismo não deve ser entendido como sinônimo de psicopatologia, mas como um fenômeno humano crucial para a constituição do Eu. Ele permite que o bebê distinga-se da realidade e conquiste a experiência de existir no mundo e com os outros. Embora o narcisismo possa servir como base para diversas patologias, sua natureza é intrinsecamente ligada ao desenvolvimento psíquico. Espera-se que, a partir desta leitura, você possa desmistificar o conceito de narcisismo e compreender sua centralidade na teoria psicanalítica como um fenômeno decisivamente humano.

1.6 Clínicas públicas de psicanálise

Freud chegou a afirmar que a psicanálise realmente não era para todos, era para um público seleto. No entanto, essa posição de Freud não durou muito tempo. Precisamente em 1918, em um congresso em Budapeste, Freud mostra outro posicionamento e deixa clara sua visão quanto à necessidade de criação de clínicas gratuitas de psicanálise. Na ocasião, Freud mostra, mais uma vez, sua capacidade de revisitar e mudar suas visões e diz que a psicanálise poderia auxiliar não apenas alguns, mas toda a sociedade.

O texto em que consta essa fala de Freud foi publicado em 1919 e traduzido como "Caminhos da terapia psicanalítica". Na ocasião, Freud demonstra saber que a psicanálise até aquele momento era restrita a poucas pessoas. Mas, em seguida, ele afirma:

> Agora suponhamos que alguma organização nos permitisse aumentar nosso número de forma tal que

bastássemos para o tratamento de grandes quantidades de pessoas. Pode-se prever que em algum momento a consciência da sociedade despertará, advertindo-a de que o pobre tem tanto direito a auxílio psíquico quanto hoje em dia já tem a cirurgias vitais. E que as neuroses não afetam menos a saúde do povo do que a tuberculose, e assim como esta não podem ser deixadas ao impotente cuidado do indivíduo. Então serão construídos sanatórios ou consultórios que empregarão médicos de formação psicanalítica [...] esses tratamentos serão gratuitos. Talvez demore muito até que o Estado sinta como urgentes esses deveres. As circunstâncias presentes podem adiar mais ainda esse momento. *Talvez a beneficência privada venha a criar institutos assim; mas um dia isso terá de ocorrer. Então haverá para nós a tarefa de adaptar nossa técnica às novas condições* (Freud, 2010b, p. 217, grifos nossos).

De acordo com Danto (2019), por trás dessas declarações e de todos os projetos psicanalíticos de Freud, encontra-se uma importante tensão, pois, ao mesmo tempo em que pretendia que sua teoria fosse uma ciência fática, a prática clínica de Freud convergia com o cenário político social-democrata que era predominante em Viena após a Primeira Guerra Mundial. Danto, que realizou uma verdadeira historiografia das clínicas gratuitas de psicanálise, afirma:

> Viena não foi a primeira nem a única cidade a abrigar uma clínica psicanalítica. Naqueles anos de modernismo emergente, as expressões de consciência social de Freud inspiraram a criação de uma série de pelo menos outras doze clínicas cooperativas de saúde mental, de Zagreb a Londres [...] Entre 1918 a 1938 a psicanálise não era um tratamento inacessível aos trabalhadores, não estava rigidamente estruturada, nem se prolongava excessivamente (Danto, 2019, p. 21).

A possibilidade de ampliação da psicanálise foi um caminho aberto pelo próprio Freud. O trabalho de escuta psicanalítica fora dos moldes tradicionais e para além dos consultórios tem uma longa trajetória que começa sobretudo com as declarações de Freud, mas também com a primeira e segunda geração de psicanalistas no período entre guerras na Europa (Broide, 2019). Entre os notáveis psicanalistas que atuaram nas clínicas gratuitas estão Erik Erikson, Erich Fromm, Karen Horney, Anna Freud, Melanie Klein e Alfred Adler. Esses psicanalistas são atualmente conhecidos pelas diversas formas com as quais seguiram na psicanálise, pois alguns transformaram a teoria freudiana clássica (Danto, 2019).

Em nosso presente histórico, as clínicas públicas e gratuitas de psicanálise ganham cada vez mais notoriedade e espaço. Aqui no Brasil, são conhecidos os trabalhos dos coletivos como: *Margens Clínicas*, *Psicanálise na Roosevelt*, *Psicanálise na Praça*, *Perifanálise* e outros têm ocupado várias cidades e bairros do país. A preocupação com a ampliação da prática psicanalítica tem crescido, bem como a preocupação com a democratização das formações em psicanálise. Não é por acaso que algumas das escolas de formação em psicanálise têm se preocupado em ofertar bolsas e outras políticas de acesso aos seus cursos.

1.7 Psicanálise e ciência

Freud foi um pensador influente e conhecido por questionar nossa tradição de conhecimento e contrapor o imperativo da racionalidade com a noção de inconsciente. No entanto, sempre defendeu o conhecimento científico. As suas teorias, constantemente revisadas e reformuladas, são o resultado de seus estudos e de evidências clínicas, das observações clínicas realizadas por Freud (Mezan, 2019). A utilização do método de estudos de caso no campo das investigações da psique é, sem dúvida, herança do trabalho de Freud.

Ademais, Freud foi pioneiro na proposta da investigação da psique, que atualmente também podemos chamar de subjetividade e com a análise de seus estudos, teorias e casos, fica evidente que seguem de modo coerente as possibilidades dessa investigação. O objeto de estudo da psicanálise – a subjetividade – não é mensurável, observável em laboratório ou quantificável. Além disso, o curso da análise pode variar justamente porque há no humano a singularidade. Existem, portanto, inúmeras dificuldades na tarefa da produção de conhecimento no que se refere aos saberes *psi*, e Freud foi o primeiro a tornar possível esse entendimento.

Atualmente se intensificam as críticas (e pseudocríticas) à psicanálise no sentido de deslegitimar esse saber e sua eficácia terapêutica. A psicanálise tem enfrentado cada vez mais ataques e, com frequência, vem sendo chamada de pseudociência. O que ocorre também com frequência é que esses ataques invariavelmente partem de pessoas que não saberiam sequer descrever o que caracteriza a ciência.

A proposta aqui não será necessariamente entrar na discussão sobre o estatuto de ciência da psicanálise, tarefa que exigiria mais tempo e seria mais apropriada para os filósofos da ciência. No entanto, na contramão dos discursos cada vez mais frequentes de que a psicanálise não é ciência ou, mais sério do que isso, de que não há evidências científicas de eficácia da psicanálise, queremos apresentar, além das evidências de eficácia, nossas hipóteses para explicar esses ataques à psicanálise.

Uma busca muito genérica e rápida por bases de dados nos permite constatar a produção de conhecimento e evidências da eficácia da psicanálise e também das psicoterapias psicodinâmicas de orientação psicanalítica. Aqui, trazemos breves recortes dessa busca.

O estudo de 2017, realizado na Holanda por Driessen *et al.*, concluiu que "*a terapia psicodinâmica de orientação psicanalítica pode ser pelo menos tão eficaz quanto a TCC para a depressão em aspectos importantes do funcionamento do paciente além da redução dos sintomas depressivos*". Outra pesquisa, de 2020, realizada por Lindegaard, Berg e Anderson, descreve que "*em conclusão, IPDT (psicoterapia psicodinâmica de orientação psicanalítica) é uma alternativa promissora de tratamento, especialmente para depressão*". O trabalho de Mechler *et.al*, realizado em 2022, afirma que "*IPDT (psicoterapia psicodinâmica de orientação psicanalítica) não foi inferior ao ICBT em termos de mudança na depressão para o tratamento de adolescentes. Essa descoberta aumenta a gama de alternativas de tratamento acessíveis e eficazes para adolescentes com depressão*". Destacamos ainda um estudo brasileiro, realizado por pesquisadores da Universidade de São Paulo em 2021. Nesse estudo, Garrido e Motta afirmam que: "*o processo psicanalítico se mostrou efetivo: a paciente adquiriu mais condições de preservar suas redes afetivas constituintes, e tornou-se menos vulnerável à ansiedade e impulsividade*".

A respeito da produção do conhecimento em psicologia, há ainda algumas considerações a fazer. O objeto de estudo da psicologia e da psicanálise não é quantificável ou mensurável; não se mede a subjetividade em laboratório. Para sermos ainda mais específicos, o objeto de estudo das ciências humanas – o ser humano – é complexo, e produzir evidências de eficácia no que se refere às ciências humanas não é simples e está bem longe de ser análogo ao que se faz nas chamadas ciências duras. Em vários aspectos, a psicanálise tem um estreito parentesco com a antropologia, uma das ciências humanas em que os estudos e as evidências de eficácia não acontecem apenas em laboratório (Almeida, 2023).

Freud desde o início enfrentou resistências e causou rebuliço. A psicanálise pioneira de Freud trouxe concepções de ser humano que naquele momento eram difíceis de digerir. Desde Freud até o nosso presente histórico, há ataques à psicanálise, e muitos deles passam longe de críticas sérias, que devem ser feitas a qualquer saber.

No entanto, em nosso presente histórico marcado pela intensificação da medicalização da vida, da morte e dos sofrimentos, bem como pelo *ethos* neoliberal de produtividade, desempenho e alta performance a todo custo (mesmo ao custo da saúde mental), um saber e uma prática como a psicanálise são vistos como contrapontos. A psicanálise muitas vezes tem o propósito de desadaptar o sujeito, de fazê-lo repensar seus modos de vida e seu entorno. Mais precisamente: a psicanálise fomenta no sujeito a crítica, o que pode potencializar revolta política, resistência, mobilização. Nesse sentido, em um contexto no qual os regimes discursivos tendem a valorizar a cura fácil e o retorno para o desempenho, a psicanálise pode ser um engodo, um saber a ser extirpado, e, para isso, talvez o caminho seja tentar deslegitimar seus efeitos, suas proposições, sua validade.

Queremos lembrar aqui um dos filósofos mais críticos dos saberes *psi* e da psicanálise: Michel Foucault. Foucault empreende duras críticas aos saberes *psi* e elas são e continuam sendo relevantes para a reflexão, para a discussão, porque não se trata aqui de querer defender de modo dogmático a psicanálise, mas de tentar apontar certos problemas das críticas que têm sido direcionadas à psicanálise e tentar desfazer equívocos. Foucault nos faz entender que não há saber politicamente neutro, e com a psicanálise não é diferente. Não há também ciência politicamente neutra, e, longe de lançar mão de argumentos que poderiam ser entendidos ou interpretados como anticiência, queremos lembrar que é fundamental olhar criticamente para a produção de conhecimento e, sobretudo, para a produção de conhecimento na atualidade. Especialmente se são os próprios produtores de conhecimento a arrogar para si o estatuto de legitimadores ou deslegitimadores dos saberes. Conhecimento é poder, nos mostra Foucault. Como afirma Machado:

> Todo conhecimento, seja ele científico ou ideológico, só pode existir a partir de condições políticas que são as condições para que se forme tanto o sujeito quanto os domínios de saber. A investigação do saber não deve remeter a um sujeito de conhecimento que seria sua origem, mas a relações de poder que o constituem. Não há saber neutro. Todo saber é político (Machado, 2017, p. 27-28).

Na discussão atual sobre a cientificidade da psicanálise, sua eficácia e suas evidências, é crucial essa abordagem de Foucault: *"Que sujeito falante, que sujeito de experiência ou de saber vocês querem 'menorizar' quando dizem: 'Eu que formulo esse discurso, enuncio um discurso científico e sou um cientista?"* (Foucault, 2017, p. 269). A discussão sobre a legitimidade da psicanálise na qualidade de ciência é uma discussão sobre manutenção de lugares de poder, manutenção de certos saberes no campo discursivo para garantia de exercício de poder. Não se trata apenas de uma discussão epistemológica e aparentemente na maior parte das vezes a discussão e os ataques à psicanálise passam longe do campo da epistemologia; estão, em última instância, no campo do poder, no campo político. É por isso que esse debate não pode prescindir de apontar para essa perspectiva, como fizemos aqui, de modo breve e indicativo.

Consideramos que precisamos de debates sérios e de críticas sérias, não de produções discursivas falaciosas que induzem o grande público a erro e podem ter, por trás, interesses políticos, farmacêuticos, *lobby* etc. Para finalizar, lembramos: *"Sim, a psicanálise incomoda e vai continuar incomodando [...]. E a insistência de alguns em querer 'bater' na psicanálise talvez também seja algo que somente Freud explicaria"* (Almeida, 2023).

REFERÊNCIAS

ALMEIDA, F. A. *A quem interessa desqualificar a psicanálise?* Le Monde Diplomatique Brasil, ago. 2023. Disponível em: https://diplomatique.org.br/a-quem-interessa-desqualificar--a-psicanalise/. Acesso em: out. 2023.

BROIDE, Jorge. *A clínica psicanalítica na cidade*. Instituto Sedes Sapientiae, 2019. Disponível em: https://www.sedes.org.br/Departamentos/Psicanalise/arquivos_comunicacao/A%20clinica%20psicanalitica%20na%20cidade.pdf. Acesso em: out. 2023.

CHAUÍ, M. *Convite à Filosofia*. São Paulo: Ática, 1995.

DANTO, E. A. *As clínicas públicas de Freud*: psicanálise e justiça social, 1918-1938. Tradução Margarida Goldsztajn. São Paulo: Perspectiva, 2019.

DRIESSEN, E. et al. *Cognitive-behavioral versus psychodynamic therapy for major depression: Secondary outcomes of a randomized clinical trial.* Journal of Consulting and Clinical Psychology, v. 85, n. 7, p. 653–663, jul. 2017.

FOUCAULT, M. Genealogia e poder. *In*: FOUCAULT, Michel. *Microfísica do poder*. Organização, introdução e revisão técnica de Roberto Machado. 5. ed. Rio de Janeiro: Paz e Terra, 2017.

FREUD, S. *A correspondência completa de Sigmund Freud para Wilhelm Fliess (1897)*. 1. ed. Rio de Janeiro-RJ: Imago, 1986. p. 265, 273.

FREUD, S. *A interpretação dos sonhos* (1900). São Paulo: Companhia das Letras, 2019.

FREUD, S. Além do princípio do prazer. *In*: FREUD, S. *Obras completas*, v. 14 (1920), São Paulo: Companhia das Letras, 2010a.

FREUD, S. Caminhos da terapia psicanalítica (1919). *In*: FREUD. *Obras completas*, v. 14. Tradução de Paulo César de Souza. São Paulo: Companhia das Letras, 2010b.

FREUD, S. Introdução ao narcisismo (1914). I*n: Introdução ao narcisismo, ensaios de metapsicologia e outros textos (1914-1916)*. Tradução: Paulo César de Souza. São Paulo: Companhia das Letras, 2010.

FREUD, S. O eu e o isso, *In*: FREUD, S. *Obras completas*, v. 16 (1920). São Paulo: Companhia das Letras, 2010c.

FREUD, S. *Obras completas*: três ensaios sobre a teoria da sexualidade, análise fragmentária de uma histeria ("o caso Dora") e outros textos. *In:* FREUD, S. *Obras completas*. São Paulo: Companhia das Letras, 2016a.

FREUD, S. *Obras completas, volume 2*: estudos sobre a histeria (1893-1895). São Paulo. Companhia das Letras, 2016b.

FREUD, S. Uma dificuldade no caminho da psicanálise (1917). *In: História de uma análise infantil (O homem dos lobos), Além do princípio de prazer e outros textos (1917-1920)*. Tradução de Paulo César de Souza. 1. ed. São Paulo: Companhia das Letras, 2010. (Obras completas, volume 14).

GARCIA-ROZA. *Freud e o inconsciente*. Rio de Janeiro: Zahar. 2009.

GARRIDO, P. B.; MOTTA, I. F. *Psicanálise no tratamento multidisciplinar e cirúrgico da obesidade mórbida*: estudo de caso. Rev. Latinoam. Psicopat. Fund., São Paulo, v. 24, n. 4, p. 638-658, 2021. Disponível em: https://www.scielo.br/j/rlpf/a/B3PFB5hc3VyLPnHd6dsv84x/abstract/?lang=pt. Acesso em: ago. 2023.

GAY, P. *Freud*: uma vida para o nosso tempo. São Paulo: Companhia das Letras, 1989.

LINDEGAARD, T.; BERG, M.; ANDERSSON, G. *Efficacy of internet-delivered psychodynamic therapy*: systematic review and meta-analysis. Psychodin Psychiatry, v. 48, n. 4, p. 437-454, 2020. DOI 10.1521/pdps.2020.48.4.437. Disponível em: https://pubmed.ncbi.nlm.nih.gov/33779225/. Acesso em: ago. 2023.

MACHADO, R. Introdução: por uma genealogia do poder. *In*: FOUCAULT, M. *Microfísica do poder*. 5. ed. Rio de Janeiro: Paz e Terra, 2017.

MECHLER, J. et al. *Therapist-guided internet-based psychodynamic therapy versus cognitive behavioral therapy for adolescent depression in Sweden*: a randomised, clinical, non-inferiority trial. The Lancet, v. 4, n. 8, E594-E603, 2022. Disponível em: https://www.thelancet.com/journals/landig/article/PIIS2589-7500(22)00095-4/fulltext. Acesso em: ago. 2023.

MEZAN, R. *O tronco e os ramos*: estudos de história da psicanálise. São Paulo: Blücher, 2019.

NASIO, J-D. *Introdução às obras de Freud, Ferenczi, Groddeck, Klein, Winnicott, Dolto, Lacan*. Rio de Janeiro: Zahar, 1995.

ROUDINESCO, E.; PLON, M. *Dicionário de psicanálise*. Rio de Janeiro: Jorge Zahar, 1998.

CAPÍTULO 2
FUNDAMENTOS DA CLÍNICA PSICANALÍTICA

Guilherme Félix de Souza Lopes

Neste capítulo, pretendemos apresentar de forma sistemática a indissociável relação entre clínica, pesquisa e teoria na construção da psicanálise, uma vez que os fundamentos da práxis psicanalítica derivaram deste tripé. Esses três elementos estão presentes e em coafetação no percurso de Sigmund Freud e estruturam as raízes desse método de tratamento do sofrimento psíquico.

Inicialmente, desbravaremos a origem da transferência, sua história e relevância para a compreensão do campo relacional entre analista e analisando – mostrando como esse conceito evoluiu, e, consequentemente, destacaremos a importância do manejo clínico para o sucesso do tratamento.

Em seguida, vamos percorrer o caminho de Freud até o desenvolvimento da regra fundamental: a associação livre. Dessa forma, delinearemos, o que se diz em análise, a pertinência do discurso que revela o inconsciente na medida em que se encontra com uma atenção flutuante por parte do analista. Tais manifestações inconscientes vão necessitar de uma introdução ao que chamamos de aparelho psíquico, dividido em suas duas tópicas.

Abordaremos também alguns aspectos pertinentes à formação do analista. Talvez o leitor deste livro esteja justamente pensando em como construir tal percurso e se perguntando como se tornar um analista. Avançaremos na apresentação de que, assim como toda análise, o processo de formação do analista abrange um aspecto terminável e interminável.

Por fim, a última seção deste capítulo apresenta uma introdução ao complexo de Édipo, conceito elaborado por Freud, fundamental para a compreensão da estruturação psíquica e que até hoje é alvo de diversas controvérsias, o que demanda que o articulemos com as configurações de parentalidade contemporâneas.

A ideia central deste capítulo, portanto, é poder introduzir o leitor à compreensão mais clássica acerca dos conceitos fundamentais e ir além, trazendo à baila as atualizações teóricas definidas pela pesquisa e pela clínica em psicanálise.

2.1 A transferência

O fenômeno da transferência foi notado por Sigmund Freud durante o período pré-psicanalítico. Em termos históricos, ele percebeu que havia algo entre o médico e o paciente que poderia facilitar – ou não – o tratamento. No trabalho intitulado Estudos sobre a histeria (1893-1895), destaca-se o caso paradigmático de Anna O., que desempenhou um papel fundamental no aprofundamento da compreensão desse fenômeno clínico. Considerado o primeiro caso clínico da psicanálise, o tratamento de Anna O. foi conduzido por Joseph Breuer, médico e colaborador de Sigmund Freud, que empregou o método catártico, abordagem que será discutida posteriormente. Nesse artigo seminal, os autores delineiam as experiências clínicas relacionadas ao tratamento da histeria, percorrendo desde o uso da hipnose até o desenvolvimento do método catártico, marcando assim um momento crucial na história da psicanálise.

Anna O. (Bertha Pappenheim) era uma jovem da classe média que buscou tratamento para a histeria. Seus sintomas eram os mais variados, como hidrofobia, conversões e dores no corpo, confusão mental etc. O quadro clínico de Anna O. era caracterizado por episódios de dissociação da consciência, que se alternavam com deslocamentos sintomáticos. À medida que a cena traumática era reconstruída por meio da hipnose, técnica que permitia ao paciente acessar reminiscências de memórias até então esquecidas, o sintoma inicialmente apresentado desaparecia, migrando para uma nova manifestação. Esse processo evidenciou a relação intrínseca entre a rememoração do trauma, facilitada pelo estado hipnótico, e a dinâmica dos sintomas histéricos, destacando a importância da recuperação de memórias reprimidas para a compreensão e o tratamento da histeria.

Freud atuava como supervisor de Breuer e notou que a relação de Breuer com Anna O. era regida pelo amor. Freud chegou a advertir o colega de que havia sentimentos positivos que sustentavam o tratamento. Acontece que, em um dos seus estados dissociativos, Anna O. disse para a família que esperava um bebê do seu médico. O escândalo chegou até a família de Breuer e lhe causou problemas conjugais (Roudinesco, 1998).

Este caso tão elementar foi fundamental para delinear dois aspectos importantes para a compreensão da transferência – e aqui apresentamos uma noção introdutória. Em primeiro lugar, a ideia de um aparelho psíquico composto por uma camada consciente e outra inconsciente. De acordo com Freud (1912/2019), o aspecto inconsciente refere-se àquela parte da libido que não encontrou acesso à consciência. Por exemplo, um paciente pode olhar para o analista e admirar algo em sua aparência, como os óculos que ele usa ou a cor de seus olhos. No entanto, de modo inconsciente, o paciente está revivendo esse mesmo elemento a partir de uma figura anterior, como o pai, a mãe ou um amigo de infância. Esse processo ilustra como a transferência opera, conectando experiências passadas às relações presentes.

A segunda contribuição é a de que a transferência é uma relação de amor que contém fragmentos e memórias da sexualidade infantil. No caso de Anna O., verificamos que ela transferiu para Joseph Breuer sentimentos que se originaram na relação com o pai. Cabe ressaltar que, mesmo antes de Freud, a relação entre médico e paciente já era estudada, mas foi o pai da psicanálise que soube instrumentalizá-la para favorecer o tratamento. Esse ponto foi crucial para o rompimento de Freud e Breuer, pois Breuer não acreditava que a transferência – e sumariamente a neurose – tivesse como fonte a sexualidade.

Como veremos em breve, o caminho pulsional exige um trabalho do eu em que este é convocado a experienciar o amor e o ódio pelos objetos de satisfação da libido. Assim, na transferência se vive uma mesma ambivalência em relação ao amor e ao ódio, dotando duas possibilidades essenciais para a transferência: uma positiva e outra negativa. Ambas são conduzidas por metas sexuais, no que se refere aos sentimentos carinhosos e conscientes e a mobilização de um sentimento "negativo", destrutivo, em relação ao analista. Freud estabelece que: "a solução deste enigma é, portanto, que a transferência para o médico só se mostra propícia à resistência durante o tratamento enquanto ela for transferência negativa ou positiva das moções eróticas recalcadas" (Freud, 1912/2019 p. 115).

A relação entre analista e paciente é importada da medicina, contudo a psicanálise vai compreender que sua via régia é pelo inconsciente, sendo o seu manejo fundamental para o estabelecimento do tratamento, ou seja, essencial para superar as resistências.

Sobre isso, Freud aponta que:

> A experiência nos mostra que a relação de transferência que se estabelece com o analista é especialmente adequada para favorecer o retorno de tais conexões

de afeto. A partir da matéria-prima, como a chamamos, é que devemos produzir o que queremos (Freud, 1937/2019, p. 366).

Nota-se ser fundamental apontarmos o que é, então, o conceito de transferência em psicanálise e qual é a sua importância para a clínica psicanalítica, sendo essa uma reedição de afetos configurados na história da sexualidade que são investidos e reeditados no analista.

Para compreender melhor como o conceito de transferência foi sendo forjado por Freud é preciso incluir o estudo dos sonhos. Em "A interpretação dos sonhos" (1900), Freud compreende a transferência sob o ângulo do deslocamento e da condensação, como bem explicado no "sonho da injeção de Irma", em que Freud relata sua frustração diante de um caso mal resolvido de histeria, que fora superado por outro médico conhecido de Freud. Foi neste sonho que ele experimentou sua hostilidade e seus impulsos sexuais, ao ver Irma, no sonho, formada por três mulheres que marcaram seu desejo sexual e pelo médico que o antagoniza, marcado pelas relações masculinas em sua própria família. Foi por meio da análise dos sonhos, tanto em sua própria experiência quanto na de seus pacientes, que Freud começou a desvendar os mecanismos do inconsciente. Suas reflexões, inicialmente registradas em sua correspondência com Wilhelm Fliess, revelaram como os sonhos funcionavam como uma via de acesso ao inconsciente. Ao estudar a formação dos sonhos e ouvir os relatos dos analisandos em sessão, Freud percebeu que fragmentos de experiências diurnas se mesclavam a conteúdos reprimidos, mobilizando mecanismos inconscientes como o deslocamento e a condensação. Esses processos permitiam a realização disfarçada de desejos, evidenciando os caminhos da libido e a dinâmica psíquica que mais tarde fundamentaria a psicanálise.

Restam ainda algumas colocações sobre esse assunto. O que seria então uma resistência? Ela é definida como qualquer manifestação ou reação do paciente que obstrua ou dificulte o processo de análise (Roudinesco, 1998, p. 659). Considerando que Freud nos indica, em seu trabalho "Sobre a dinâmica da transferência" (2016e), que a transferência é uma forma de resistência, visto que é ao mesmo tempo uma força em direção ao desvelamento dos conteúdos reprimidos e, portanto, inconscientes, e é também uma força contrária que busca manter encoberto o que foi revelado. Imagine a situação em que um analista faz uma interpretação sobre algo muito sensível que o paciente disse. O paciente aceita e traz novos conteúdos a partir dessa intervenção; contudo, momentos depois, ele diz que aquilo é uma bobagem e que o analista errou, fazendo comentários que o desqualifiquem. Podemos dizer que a transferência se tornou resistência, criando dificuldades para avançar com a análise.

Cabe ao analista identificar e manejar a transferência em prol do tratamento. As suas construções e interpretações são intervenções que precisam ser postas considerando a relação transferencial. Lacan (1958) faz uma advertência importante sobre este assunto ao afirmar que a resistência sempre está ao lado do analista. Isto é, do paciente sempre se espera formas de resistir ao tratamento, mas é quando o analista entra em resistência que esse percurso começa a falhar. O analista é aquele que intervém, pontua e interpreta, esperando que isso colabore para que o paciente se aproprie de seu conflito e elabore os conteúdos afetivos que sustentam o sintoma. É justamente essa posição crítica que faz com que o andamento de uma análise dependa mais da integridade do desejo do analista em psicanalisar do que justificar insucessos pela resistência do paciente.

2.2 A regra fundamental

A livre associação é como chamamos a regra fundamental em psicanálise. O cerne da técnica psicanalítica foi sendo criado por Freud ao longo do tempo em que praticou sua clínica, derivando também da hipnose e da sugestão. Queremos fazer uma breve apresentação de como a técnica surgiu, discutindo posteriormente o papel da escuta do analista e finalmente apresentando um prisma de como se dá um processo de análise.

Freud cunhou o termo "livre associação" depois de uma série de experimentos com combinações da hipnose e sugestão. No livro "Estudos sobre histeria" (1893-1895), Freud escreve sobre uma paciente que lhe ensinou muito, chamada Emmy Von N. A paciente sofria de histeria de conversão e buscava diversos tipos de tratamento para amenizar os impactos das dores no corpo. Quando se tratou com Freud, estava internada em uma espécie de casa de repouso devido ao comprometimento social que a doença lhe trouxera.

No relato, Freud descreve minuciosamente suas visitas ao local, narrando quase como se fosse um romance o cotidiano da paciente e suas reações à hipnose. Em determinado momento, durante uma sessão de hipnose conduzida por Freud, a paciente ordena que ele se cale. Esse episódio evidencia que ela tem algo a dizer, algo que talvez não seja exatamente o que Freud esperava investigar.

Mais adiante, ao se dedicar à investigação das dores de estômago da paciente, Freud abandona o método hipnótico. Ele registra em suas observações: "Encontrei-a, 24 horas depois, humilde e dócil. Ao questioná-la sobre a origem de suas dores de estômago, ela respondeu: 'Acredito que venha da minha angústia, mas apenas porque você diz'" (Freud; Breuer, 2016, p. 122). Dessa maneira, Freud percebe a necessidade de retomar a hipnose para aprofundar a compreensão.

Durante a nova sessão hipnótica, a paciente associa suas dores de estômago a uma cena infantil. Recorda-se de recusar-se a comer um prato de carne, sendo coagida pela mãe severa a consumir o alimento frio após o jantar. A carne, por sua natureza fria e dura, despertou na paciente um afeto que se manifesta nas dores de estômago.

Verificamos nesse fragmento que a livre associação nasceu de uma intervenção da própria paciente. Na época, Freud acreditava que a combinação da hipnose com a sugestão poderia "forçar" os conteúdos reprimidos a retornarem à consciência, que sob a hipnose ficava "anestesiada". O mérito de Freud aqui se deu por perceber de modo muito sensível que a exploração do inconsciente se concentra na fala. Partindo desse princípio, a regra fundamental é evocada da seguinte forma: "Fale o que lhe vem à cabeça, ainda que pareça errado ou vergonhoso". Ao receber essa tarefa do analista, os conteúdos mantidos por forças reprimidas e repressoras começam a conflitar. O paciente começa a construir um tecido formado de um discurso consciente e outro discurso inconsciente, que começam a se sobrepor.

A regra fundamental também se desdobra para o analista. Afinal, o leitor pode ter passado por uma experiência de duplo desconforto: de ser convidado a falar livremente e se policiar para não deixar certos assuntos, mais ou menos inconscientes, escaparem e ter que lidar com a escuta do analista.

Em "Recomendações ao médico para o tratamento psicanalítico" (Freud, 2016c), Freud argumenta que o analista deve suspender a sua atenção consciente e se deixar levar por uma "memória inconsciente" (p. 95). Dessa forma, sua atenção será capturada pelas manifestações do inconsciente que discursa por meio de uma troca de nomes, esquecimentos, atos falhos, chistes e sonhos. Quanto mais um analista tentar se lembrar daquilo que foi dito, menos ele consegue escutar o inconsciente. Além disso, Freud recomenda que o analista não registre nada em papel durante a sessão, mas que o faça em um momento posterior, anotando apenas o que mais penetrou em sua memória inconsciente.

Em análise, tanto a fala do paciente quanto a escuta do analista não são encontradas em outros espaços. Rodas de amigos, igreja, botecos ou qualquer outra dimensão da vida social não é capaz de fornecer tal escuta direcionada ao inconsciente. Afinal, o que está em jogo também é o contexto transferencial, que vai dar tonalidades para aquilo que é dito e escutado.

No entanto, a elucidação da técnica ainda não é suficiente para mostrar para onde esse processo pode navegar. O que é preciso para chegar àquilo que entendemos como cura? Seria a ab-reação? Um conselho? Ou uma sugestão?

Note esta passagem escrita por Freud no auge de sua experiência clínica:

> Como se sabe, o objetivo do trabalho analítico é fazer com que o paciente volte a suspender [*aufhebe*] os recalques – entendidos aqui no sentido amplo – de seu primeiro desenvolvimento, para substituí-los por reações que corresponderiam a um estado de maturidade psíquica. Para esse fim, ele precisa voltar a recordar determinadas vivências e moções de afeto por elas desencadeadas, que atualmente estão sob o esquecimento. Sabemos que seus sintomas e suas inibições atuais são as consequências de tais recalques, ou seja, são substitutos do esquecido (Freud, 1937/2019, p. 366).

E quais materiais do paciente fornecem condições para a recordação?

1. Os sonhos.
2. Falas sobre o recalcado produzidas pela associação livre.
3. A reedição de afetos em análise dirigidos ao analista.

O objetivo da análise é reconstruir com o paciente uma imagem daquele conteúdo que foi esquecido. O trabalho analítico se dá em "dois palcos", pois o analisante tem uma função tão importante quanto a do analista.

> Todos nós sabemos que o analisando deverá ser levado a se recordar de algo que ele vivenciou e recalcou, e as condições dinâmicas desse processo são tão interessantes que, diante disso, a outra parte do trabalho, que é o empenho do analista, passa a ficar em segundo plano. De tudo que é essencial aqui, o analista não vivenciou nem recalcou nada; não pode ser a sua tarefa lembrar algo. O que, então, é a sua tarefa? Inferir o esquecido a partir dos sinais por ele deixados, ou, mais corretamente, terá de construir o esquecido. Como, quando e com que explicações ele comunica as suas construções ao analisando é o que estabelecerá a ligação entre as duas partes do trabalho analítico, entre a sua parte e a do analisando (Freud, 1937, p. 367, 2016b).

Freud estabelece uma interessante analogia entre o trabalho do analista e o do arqueólogo, enfatizando a semelhança na reconstrução do passado por meio de vestígios. Assim como o arqueólogo utiliza restos nos escombros para recriar eventos passados, o analista extrai o sentido inconsciente a partir de fragmentos de lembranças, associações e declarações ativas do analisando. Ambos têm o direito inquestionável de realizar reconstruções por meio da complementação e junção dos restos preservados.

No entanto, Freud destaca algumas diferenças cruciais. Enquanto o arqueólogo lida com um material já deteriorado e muitas vezes mal preservado, o analista enfrenta um desafio diferente. O material psíquico com o qual trabalha não está nas mesmas condições, pois foi ocultado pela ação do recalque.

Essa diferença é crucial para compreender a complexidade do trabalho analítico em relação ao material arqueológico.

Freud reconhece a extraordinária vantagem do trabalho analítico, mas ressalta dois fatores desafiadores. Em primeiro lugar, o objeto psíquico é consideravelmente mais intrincado e abstrato do que o objeto material do arqueólogo. Em segundo lugar, nosso conhecimento ainda não está completamente preparado para compreender a estrutura íntima desse objeto, que guarda muitos mistérios. Assim, a comparação entre os dois trabalhos termina, pois, para a arqueologia, a reconstrução é o objetivo final, enquanto, para a análise, a construção representa apenas uma fase preliminar do processo.

Freud utiliza outra metáfora para falar de construções, comparando uma análise com a construção de uma casa. Enquanto, em uma obra, cada etapa avança sequencialmente, na análise as construções ocorrem simultaneamente. O analista gera uma parte da construção, e a comunica ao paciente para que tenha impacto sobre ele. Em seguida, o analista constrói outra parte com base no novo material, que emerge como um afluente, seguindo essa alternância até a conclusão. Embora nas discussões sobre o trabalho analítico se mencione mais frequentemente "interpretações" e seus efeitos, Freud argumenta que o termo "construção" é mais apropriado. Enquanto a interpretação se relaciona com um único elemento do material, a construção envolve apresentar ao analisando fragmentos de sua história pregressa esquecida, proporcionando um entendimento mais abrangente de sua psique.

Mas como sabemos se uma construção foi apropriada? Uma construção, quando acertada no ponto do conflito inconsciente, é capaz de produzir novas associações, expandindo a consciência sobre o inconsciente e assim "escavando" a história do analisante. Freud argumenta que, quando o analista se equivoca em uma construção, tal equívoco não produzirá danos.

Entretanto a repetição de construções apressadas e fora do momento pode "travar" o processo analítico.

Assim, Freud adverte contra o analista sugestionar o paciente ou impor o que pensa:

> O que acontece nesse caso é muito mais que o paciente permanece como que intocado, não reagindo nem com um *sim* nem com um *não*. Isso possivelmente significará apenas um adiamento da reação; mas se a situação permanecer assim, podemos chegar à conclusão de que erramos e confessaremos isso ao paciente no momento adequado, sem prejuízo da nossa autoridade. Esse momento se dá quando surgir um novo material que possibilite uma construção melhor e, assim, a correção do erro. A construção errada acaba por ficar de lado, de forma que é como se nunca tivesse sido feita, e em alguns casos até se tem a impressão de que – usando as palavras de Polônio – se fisgou a carpa da verdade justamente com a isca da mentira. O perigo de levar o paciente pelo mau caminho através da sugestão, "convencendo-o" de determinadas coisas em que nós próprios acreditamos, mas que ele não deveria aceitar, certamente tem sido exagerado além da medida. O analista teria se comportado de forma muito incorreta se um infortúnio desses lhe acontecesse; principalmente, ele teria de fazer a autocrítica, reconhecendo que não deu voz ao paciente. Posso afirmar, sem falsa modéstia, que esse mau uso da "sugestão" nunca aconteceu na minha atividade (Freud, 1937/2019, p 371).

Freud advoga que todas as reações do paciente à construção do analista devem ser consideradas, ressaltando que o analista não deve se fixar no "não" do analisante, nem atribuir total crédito ao "sim". O "sim" do analisando, segundo Freud, pode ter vários significados, incluindo um reconhecimento genuíno ou ser um consentimento vazio, servindo à resistência do paciente. O valor do "sim" só é válido quando seguido por confirmações indiretas, como a produção de novas lembranças que complementam a construção. Quanto ao "não" do analisando, sua polissemia dificulta sua utilidade. Na maioria das vezes, expressa resistência, mas também pode derivar de fatores complexos da situação analítica. A interpretação segura do "não" aponta para insegurança, indicando que a construção não revelou tudo.

Além disso, Freud aborda a limitação das confirmações diretas no trabalho analítico. Ele apresenta dois tipos de confirmações indiretas: quando o analisante expressa não ter pensado sobre algo antes, frequentemente acompanhado por associações próximas à construção, e combinações formadas pela construção do analista e associação do analisante, contendo pontos de oposição. Em situações de pressão terapêutica negativa, o comportamento pós-construção do paciente pode facilitar a decisão do analista, revelando a correção ou aproximação da verdade. O artigo conclui que as construções combinadas muitas vezes não alcançam totalmente o recalcado, sendo reconstituídas de maneira parcial, o que Freud associa às características psíquicas presentes na formação de delírios e alucinações em psicoses. Quanto à transferência, ela torna a análise terminável na relação com o analista, mas permanece interminável no sentido de que o inconsciente sempre produzirá sintomas e resistências.

No texto "Recordar, repetir e elaborar" (Freud, 1914/2019d), Freud discute a importância da análise da repetição de eventos traumáticos na psicanálise. Ele argumenta que muitos pacientes repetem comportamentos, emoções e memórias relacionados a traumas passados sem realmente se lembrar dos eventos em si.

Freud destaca que muitos pacientes repetem situações, emoções e memórias ligadas a traumas passados, mesmo sem uma verdadeira lembrança consciente dos eventos em si. O autor sublinha o papel vital da resistência nesse processo, observando que, à medida que a resistência aumenta, a compulsão à repetição (*acting out*) se intensifica, substituindo a lembrança idealizada do que foi esquecido. Esse fenômeno ocorre na ausência da resistência, como ocorre na hipnose, em que o paciente pode recordar idealmente o conteúdo reprimido.

De acordo com Freud, a compulsão à repetição é uma estratégia psíquica que visa "recordar" eventos ou afetos desconhecidos para o paciente. Essa repetição é uma forma de retorno a situações traumáticas, proporcionando uma tentativa de controle sobre o evento original. Freud destaca a complexidade desse processo, sugerindo que a repetição compulsiva não é apenas uma simples reencenação dos eventos passados, mas uma tentativa inconsciente de lidar com o impacto emocional do trauma. Em última análise, podemos dizer que a psicanálise não cura apenas os sintomas, na medida em que as resistências são superadas, mas promove a cura quando leva o sujeito a se reposicionar frente ao seu desejo, promovendo uma ressignificação subjetiva.

Neste sentido, a compulsão à repetição é uma forma de o paciente "recordar" um evento ou afeto que permanece nele desconhecido. Repetir é voltar para situações traumáticas para controlar o evento.

Recordar é uma ação da análise que leva o sujeito a compreender suas resistências se lembrando e resgatando a sua história até então ocultada. A relação transferencial é o campo fértil para que o sujeito possa reviver tais repetições para poder recordar suas origens.

O produto disso é a elaboração das resistências, isto é, com o devido tempo, o analisante vai trazendo o conteúdo reprimido para a consciência, superando tais resistências.

Deve-se dar ao paciente tempo para conhecer melhor essa resistência com a qual acabou de se familiarizar, para elaborá-la, para superá-la, pela continuação, em desafio a ela, do trabalho analítico segundo a regra fundamental da análise. Só quando a resistência está em seu auge é que pode o analista, trabalhando em comum com o paciente, descobrir os impulsos instintuais reprimidos que estão alimentando a resistência; e é esse tipo de experiência que convence o paciente da existência e do poder de tais impulsos e que podem levá-lo a uma posição ética frente àquilo que estava desconhecido.

2.3 A formação do analista

Neste tópico, gostaríamos de convidar o leitor a pensar criticamente sobre isso que chamamos de formação. É natural que você tenha acessado este livro pelo curso de psicologia ou por ter se interessado pelo tema por conta de uma experiência de análise e formule questões sobre o ofício do analista. Com certa recorrência, escutamos dúvidas de alunos na graduação em psicologia, tais como: "Como a gente se torna psicanalista?".

Tentaremos enfrentar essa pergunta fazendo o compromisso de não adotar nenhum discurso mais fechado ou mais fidelizado em um autor ou instituição. Primeiramente, queremos apresentar um pequeno mapeamento de temas contemporâneos sobre este assunto, sendo: oferta de cursos, regulamentação e democratização. Depois gostaríamos de apresentar os pontos que Sigmund Freud postulou sobre esse assunto como um crivo reflexivo.

Para pôr em marcha, podemos fazer algumas analogias que não correspondem à formação em psicanálise: primeiro, psicanalistas não são *Jedi*, que se encastelam em templos e adotam a psicanálise como um estilo de vida eremita. Longe disso, pois um psicanalista não é psicanalista o tempo todo, ele também pode ser professor, pai, mãe, religioso, escritor ou qualquer coisa. A psicanálise também não é uma religião na qual o postulante a psicanalista precisa se converter para uma doutrina legalista, ao contrário, um dos fatores pelo qual temos escolas de pensamentos diferentes é porque o ensino freudiano não foi lido de forma dogmática, mas sim de forma questionadora. Também não acreditamos que existam estereótipos a serem seguidos, tomando o ser-psicanalista como um senso de identidade.

Contudo é neste contexto que se multiplicam os cursos de psicanálise. Existem aqueles cursos fornecidos por instituições e por psicanalistas éticos que têm como objetivo fornecer formação continuada, pondo em movimento os debates clínicos e sociais contemporâneos e que se dedicam também a abarcar interessados. Aqui fazemos um adendo: durante a pandemia de COVID-19, os psicanalistas ocuparam diversos espaços públicos falando sobre saúde mental, contribuindo para pensar políticas públicas, elucidando o negacionismo etc. Parece-nos óbvio que essa exposição e as necessidades daquele tempo fizeram com que muitas pessoas buscassem conhecimento sobre essa ciência.

Fato é que aí também se multiplicou a oferta de cursos online que prometem uma formação instantânea com algumas horas de estudo teórico – os quais até podem contribuir para estudar a teoria, mas que não são um diploma ou uma carga horária que garanta um título de psicanalista.

Está em pauta também a regulamentação da atividade do psicanalista. De tempos em tempos, esse debate é reacendido pela sociedade quando uma universidade ou algum outro tipo de instituição propõe assumir diretrizes para fomentar a formação e a prática. Essa proposta poderia, inclusive, levar as universidades a criarem cursos de graduação em psicanálise. Assim como a maioria da comunidade psicanalítica, somos contra a regulamentação pois achamos que ela traria consigo dois problemas centrais dos quais derivam outros: 1. A regulamentação tornaria a formação em psicanálise inacessível, considerando as lógicas de mercado, bem como poderia dificultar o acesso ao tratamento; 2. submeteria a psicanálise às ideologias e regras que podem contribuir para distorcer a sua ética. Não é que esses problemas não existam em algum grau na atualidade, entretanto ainda podemos pensar criticamente formas de superar condições sociais e econômicas para facilitar o acesso à formação e criar modalidades de atendimento que escapem da lógica do dinheiro quanto meio de acesso e pertencimento.

Caímos então na democratização da formação em psicanálise. Geralmente, as instituições renomadas oferecem a formação como um curso de pós-graduação, na qual o candidato precisa cumprir um rigoroso estudo sistemático, cumprir horas de análise pessoal e participar das supervisões. Em tese, isso seria o que caracterizaria uma espécie de formação-padrão. Sabendo que muitas dessas instituições se estabeleceram num recorte social que não é onde se enquadra a maioria da população brasileira, muitas delas têm feito alguma reflexão crítica sobre esse campo e repensando formas tanto de acesso quanto de permanência, com políticas de bolsas.

As universidades públicas também contribuem para a democratização. São diversos laboratórios de pesquisa, disciplinas e projetos de extensão que têm possibilitado às pessoas o acesso a circuitos de estudo em psicanálise. Além disso, a presença da psicanálise nas universidades carrega duas condições interessantes: permite o acesso ao estudo da teoria psicanalítica nas mais diversas disciplinas ao passo que a conflita com os saberes, colocando a produção de conhecimento em psicanálise sempre em movimento. O que precisa ser assinalado aqui é: a universidade, sendo pública ou privada, não oferece as condições necessárias para formar analistas.

Agora vamos analisar o que Freud defendia quanto à formação de um analista. No texto "A questão da análise leiga" (Freud, 2016a), ele procura fazer pontuações sobre psicanalistas que não tinham formação médica. Estes estavam sendo acusados de charlatanismo por não terem conhecimento na área médica, portanto não poderiam ser clínicos. Freud argumenta que, muito embora a psicanálise tenha derivado da medicina – inclusive por pensá-la criticamente –, o conhecimento médico não é suficiente para validar a prática de um analista. Ao contrário, o argumento apresentado é que a via régia para formar um analista é a própria relação que este constitui com o seu inconsciente a partir da análise pessoal. De certa forma, analisamos um paciente por meio do percurso de nossa própria análise.

A formação em psicanálise foi delineada, então, sobre três eixos – ou, como chamamos, por um tripé –: 1. estudo rigoroso, comunitário e sistemático da teoria psicanalítica; 2. supervisão dos casos clínicos de um analista iniciante com um analista mais experiente; 3. análise didática fornecida por uma instituição que se diferencia da análise pessoal, pois esta tem uma ênfase em formar um analista.

Fato é que, mesmo sustentando esse tripé, não há diploma em qualquer esfera da vida acadêmica que habilite uma pessoa a ser analista. Não é sobre onde se chega, mas em como se aproveita o caminho. A formação do analista precisa se articular também com a cultura e com a política, pois nossos casos clínicos e nossa forma de pensar não estão descoladas dessa realidade. Encerramos com um ponto de reflexão levantado pela escola lacaniana sobre a formação. Nenhuma instituição outorga sobre o analista propriamente, pois, se existe ali um desejo de ser analista, esse desejo precisa ser sustentado pelo interessado. Cabe a ele, e não à instituição, sustentar a sua formação, já que, em tese, o excesso do rigor institucional pode acabar por substituir e condicionar a formação. Se lidamos com o inconsciente, uma instância atemporal e misteriosa, a formação da escuta de analista precisa ser constante (Fink, 2020).

2.4 Todo mundo precisa de análise?

Pretendemos contribuir com algumas reflexões sobre as condições para uma análise. Essa discussão parece pertinente na época em que alguns psicólogos e psicanalistas têm ocupado as redes sociais dizendo que todo mundo precisa de psicoterapia. Na verdade, penso que esse é um ponto de atenção, pois precisamos pensar sobre quais condições são necessárias para iniciar esse percurso.

Quando recebemos um paciente que se apresenta dizendo que procurou a análise para ter mais "autoconhecimento" ou para "performar melhor na vida amorosa e no trabalho", devemos verificar o que está latente: a demanda pela análise (ou seja, o que ela vai evocar do analista para que o trabalho aconteça) está enlaçada pela criação de uma necessidade de mercado, em que se cria oferta para ter demanda.

Fato é que geralmente isso é muito pouco para sustentar um processo de trabalho como uma análise. Quinet (1991) levanta três alicerces para conduzir uma entrevista inicial para localizar a demanda, tendo, então, como funções: sintoma, diagnóstica e transferencial. Essas três dimensões se articulam à medida que a verdadeira demanda pela análise seria do sujeito que quer se desvencilhar do sintoma, que se transforma pela via da transferência em um endereçamento para o analista, uma espécie de pedido de ajuda que pode ser colocado mais ou menos assim: *"Estou angustiado e preciso que você me ajude com esse conflito sobre a minha sexualidade"*. Esse sintoma diz algo sobre a estrutura do sujeito; portanto, para se iniciar uma análise, é necessário que, além de assimilar o endereçamento, o analista possa usar esse tratamento preliminar para delinear o tratamento: a análise de um neurótico pode ser conduzida pela técnica mais tradicional, contudo um paciente psicótico pode não se beneficiar disso e reivindica então uma outra forma de condução do tratamento.

Em um artigo fundamental intitulado "Sobre o início do tratamento" (2016f), Freud levanta dois pontos importantes: o tempo do tratamento e o dinheiro. O tempo do tratamento não deve ser prometido pelo analista quando se estabelece um "contrato de trabalho". Particularmente, assinalo que esse aspecto precisa ser muito bem-posto, pois a ideia de contrato pode fazer com que pareça que o tratamento vai ser conduzido do modo que quer o paciente, de que ele receberá, no tempo determinado por ele, aquela melhora do sofrimento tão esperada. Penso que um contrato precisa ser posto por meio de condições. O trabalho analítico se faz por meio de uma dupla ativa: um, que tem o trabalho de associar livremente; e outro, que o engaja e fornece uma escuta. Para isso, é necessário estabelecer um horário, local, condições para atendimento remoto (se for o caso), e assim por diante. Freud adverte no texto que não se pode prometer tempo e sucesso, pois, a partir do momento em que se inicia uma análise, não temos como saber exatamente por onde nos conduzirá o inconsciente do paciente. Se um analista faz tais promessas ou mesmo "conduz" o tratamento suprimindo o inconsciente, pode ser que ele esteja fazendo qualquer outra coisa, menos análise.

Outra questão posta é a do dinheiro. Freud argumenta que, antes de tudo, é da clínica que o analista tira o seu sustento. Isto é, o analista aqui é percebido como um trabalhador. O que precisa ser definido no tratamento preliminar é o honorário do analista – e, quando falamos em honorário, estamos usando uma palavra que remete a honrar um compromisso com o trabalho analítico. De certa forma, essa é uma boa perspectiva para lidar com o dinheiro, pois o paciente, muito sedutor, pode usar do dinheiro para importar uma lógica puramente mercadológica, da ordem "eu pago e não quero falar sobre isso".

O dinheiro também diz muito sobre as relações libidinais e se enlaça com a transferência, portanto, o dinheiro faz parte da análise e pode ser interpretado. Um paciente pode atrasar o pagamento do analista logo depois de a sessão ter permeado um assunto conflituoso ou então o mesmo paciente também pode aumentar o valor da análise para seduzir o terapeuta como forma de resistência. Fato é que o dinheiro diz muito sobre o engajamento e como o paciente vivência aquela experiência com o seu analista. Ainda com título deste item em mente, Freud argumenta que pessoas desprovidas de recursos financeiros podem se beneficiar da análise desde que algumas condições sejam verificadas – por exemplo, um paciente que não paga pela análise pode se sentir um fardo para o analista e produz resistências ao tratamento. De alguma forma, é necessário ter algum tipo de condição que engaje esse paciente e demonstre que ele está ali para fazer um trabalho com o seu analista. Assim, o atendimento gratuito pode ter bons resultados.

Tentando responder à pergunta que dá nome a este item, "todo mundo precisa de análise?", diria que depende. O tratamento preliminar serve para que possamos construir alicerces do edifício que virá. É necessário usar desse momento prévio para trazer à tona aquilo que de fato sustenta uma análise, a saber: um desejo de ser escutado pelo paciente e o desejo de analisar do analista.

2.5 O complexo de Édipo e a função da castração

Neste último item deste capítulo, pretendemos apresentar ao leitor um conceito fundamental para a psicanálise: o complexo de Édipo. Tal conceito, elaborado por Freud com base no mito grego de Édipo, não somente remodelou aquilo que se pensava sobre a sexualidade humana, mas também cumpre um papel importante nas relações diagnósticas.

Vou apresentar agora um pequeno resumo da peça "Édipo-Rei", de Sófocles:

Édipo era príncipe de Tebas, filho do rei Laio e da rainha Jocasta. Ao nascer, seus pais receberam uma profecia do oráculo de que seu filho se tornaria um herói, matando seu pai e tomando sua mãe como esposa. Jocasta e Laio decidiram abandonar o bebê na floresta para que fosse devorado por feras. O servo encarregado de se desfazer de Édipo poupou sua vida e o entregou para pastores de uma outra cidade, chamada Corinto. Em Corinto, foi adotado pelo rei Pólibo.

Édipo cresceu acreditando que era filho legítimo de Pólibo e herdeiro de Corinto. Em uma conversa com o oráculo, quando atingiu a juventude, Édipo recebeu a mesma profecia, de que mataria seu pai e tomaria a mãe como esposa. Édipo foge para Tebas, tentando escapar de seu destino, pois não queria ser o assassino de Pólibo. No caminho para Tebas, Édipo se encontra com a caravana do Rei Laio, que estava indo até o oráculo, por conta de um mau presságio. Laio e Édipo se desentendem na estrada, e Laio o agride com um chicote. Tomado de ódio, Édipo mata Laio, sem saber que este era rei e seu pai.

Ao chegar a Tebas, Édipo fica sabendo que o rei estava morto. Tebas é tomada pelo monstro da Esfinge, que propõe um enigma para quem quisesse se tornar rei de Tebas. Édipo resolve o enigma e é proclamado rei, tomando Jocasta, sua mãe, como esposa, cumprindo a profecia original. Édipo resolve investigar quem matou o rei Laio e se consulta com um adivinho, descobrindo que ele mesmo o havia matado e que este era seu pai. A profecia é revelada, e Édipo se dá conta de que consumou o casamento com a própria mãe. Quando descobre que havia se casado com o próprio filho, Jocasta se mata em horror ao ato de incesto. Édipo fura os próprios olhos, uma vez que não enxergou a profecia do oráculo.

O desenvolvimento do conceito de complexo de Édipo na teoria freudiana representa uma descoberta fundamental que lança luz sobre um fenômeno crucial na formação da sexualidade e da personalidade do sujeito. Essa revelação teve origem em 1897, quando Freud, durante seu processo de autoanálise, expressou em uma carta a Fliess um amor pela mãe e, simultaneamente, sentimentos de ódio e rivalidade em relação ao pai.

Essa dinâmica intrincada foi posteriormente abordada por Freud em sua obra "A interpretação dos sonhos", destacando a relevância do complexo de Édipo no entendimento dos processos psíquicos. Ao estudar casos clínicos emblemáticos, como os de Dora e pequeno Hans, Freud aprofundou sua compreensão, relacionando as experiências desses pacientes à narrativa mítica de Édipo.

É interessante notar que o termo "complexo", em complexo de Édipo, foi uma contribuição de Carl G. Jung, destacando a evolução e a interação das ideias dentro do campo da psicanálise. O complexo de Édipo, sendo uma descoberta tardia da psicanálise, desenvolveu-se ao longo do tempo, enriquecendo a compreensão da dinâmica psíquica e das influências parentais na construção da psique humana. Essa teoria, enraizada na experiência infantil e na complexidade das relações familiares, permanece como uma pedra angular no edifício teórico da psicanálise.

Roudinesco, importante historiadora da psicanálise, define o termo como:

> Correlato do complexo* de castração* e da existência da diferença sexual* e das gerações*, o complexo de Édipo é uma noção tão central em psicanálise* quanto a universalidade da interdição do incesto* a que está ligado. Sua invenção deve-se a Sigmund Freud*, que pensou, através do vocábulo *Ödipuskomplex*, num complexo ligado ao personagem de Édipo, criado por Sófocles. O complexo de Édipo é a representação inconsciente pela qual se exprime o desejo* sexual ou amoroso da criança pelo genitor do sexo oposto e sua hostilidade para com o genitor do mesmo sexo. Essa representação pode inverter-se e exprimir o amor pelo genitor do mesmo sexo e o ódio pelo do sexo oposto. Chama-se Édipo à primeira representação, Édipo invertido à segunda, e Édipo completo à mescla das duas. O complexo de Édipo aparece entre os 3 e os 5 anos. Seu declínio marca a entrada num período chamado de latência, e sua resolução após a puberdade concretiza-se num novo tipo de escolha de objeto. Na história da psicanálise*, a palavra Édipo acabou substituindo a expressão complexo de Édipo. Nesse sentido, o Édipo designa, ao mesmo tempo, o complexo definido por Freud e o mito fundador sobre o qual repousa a doutrina psicanalítica como elucidação das relações do ser humano com suas origens e sua genealogia familiar e histórica (Roudinesco, 1998, p. 166).

O complexo de Édipo tem seu início quando a criança investe a libido no corpo dos pais por intermédio do seu falo e se encerra quando a criança precisa remover tal investimento por conta da angústia da castração. Representa um começo para a vivência da sexualidade pela criança, sendo encarado como um conjunto de representações e fantasias sexuais. Inicialmente,

Freud sustentava a crença na simetria do complexo de Édipo entre meninos e meninas; contudo, ao longo de suas observações clínicas, ele identificou uma assimetria.

As diferenças no complexo de Édipo entre meninos e meninas são temas de análise na psicanálise freudiana. Essa investigação revela nuances distintas na forma como cada gênero lida com o processo de desenvolvimento psicossexual, destacando as peculiaridades da experiência do Édipo em contextos femininos e masculinos. A saber, no ensino freudiano, o drama edipiano vai se desenrolar em torno do primeiro órgão percebido pelas crianças: o pênis.

Vou apresentar agora como o Édipo se desenvolve no menino e na menina, para que se façam as devidas contextualizações, pois, quando Freud elaborou tal teoria, ele estava muito longe do mundo como o conhecemos hoje em termos de sexualidade e novas configurações familiares.

As tendências edipianas emergem quando o pênis se tornou a principal zona de prazer para o menino. O menino desenvolve uma relação especial com o pênis, sendo esse um representante de seu prazer e força. Ao mesmo tempo, o menino sabe que é uma parte frágil do corpo, exposta e sensível. Essa relação especial com o órgão será engrandecida, fazendo com que o pênis tenha um caráter de poder e desejo, quando ele ganha esse caráter simbólico de desejo e poder, passamos a chamá-lo de "falo", um representante psíquico do pênis (Nasio, 2017).

Durante a fase fálica, tanto meninos como as meninas acreditam que todos possuem um falo. Isso significa que as crianças acreditam que todos são onipotentes como elas sentem que são, e aqui entra em jogo um mecanismo de defesa chamado de negação, que nega as diferenças entre os sexos.

Em determinado momento, o menino começa a temer a perda de seu poder. Para preservá-lo e ir em direção à outras experiências de prazer, ultrapassando o autoerotismo, o menino começa a canalizar sua energia sexual no corpo dos pais, e passa querer possuí-los para si. Nesse sentido, o menino se depara com o seu desejo incestuoso.

Mas o que é esse desejo incestuoso? É um desejo que nunca será realizado, que atravessa o campo da fantasia cujo objeto são os pais, e a finalidade é a busca do gozo, que não é físico, mas virtual. No menino, ou em um sujeito que predomine a posição masculina, haverá a marca do desejo de possuir o corpo do outro, de ser possuído pelo outro e de suprimir o corpo do outro. A fantasia é um lugar imaginário que tenta satisfazer o desejo incestuoso imaginado (Nasio, 2017). O desejo de posse se manifesta quando a criança se exibe nua, quando brinca de família etc.

Em termos tradicionais, a mãe seria o objeto de amor desse menino. Afinal, foi ela que cuidou e o amou, manejou seu corpo e o amamentou. Num primeiro momento, o menino entende que ele e a mãe sustentaram a fantasia de que um será tudo para o outro. Até que entra em cena um terceiro, outro desejo da mãe, que chamamos de pai. O pai é um agente que vai interditar esse desejo incestuoso que envolve mãe e filho.

Surge, então, a fantasia de suprimir o pai, mostrando a rivalidade do Édipo, em que o menino fantasia destruir seu oponente e tomar seu lugar. O menino tem prazer na ausência do pai quando este sai de casa. Entretanto o menino, que já desenvolveu uma relação de ambivalência com o falo, teme perdê-lo por desafiar o pai, uma vez que este interdita essa relação e demonstra um poder maior que o do menino. Cabe esclarecer que o pênis, quando atinge tal valor simbólico, representa a onipotência e o poder. Contudo, o pênis também é um órgão sensível à dor, fazendo com que o menino desenvolva em sua fantasia certo medo de perdê-lo.

Aqui entra em jogo o conceito de angústia de castração. É um processo vivido no inconsciente, no qual o menino se angustia pela possibilidade de ser castrado pelas imposições e interdições paternais. A angústia experenciada é o avesso do prazer, sendo esse conflito entre a angústia e o prazer a base da neurose. O menino percebe que as meninas não possuem pênis, o que reforça sua angústia de poder perder o falo.

Assim, o menino renuncia ao seu desejo incestuoso por mamãe e aceita a interdição feita pelo pai. A proibição do incesto é internalizada, tornando-se lei, formadora do supereu. A castração se torna um limite entre o menino e o objeto de desejo incestuoso, que vai estruturar sua personalidade e sexualidade, fazendo com que o menino busque um objeto substituto pela identificação com os pais. Quando existe essa solução, verificamos que a neurose é uma saída do complexo de Édipo, porém verificaremos que não é a única.

> Os investimentos de objeto são abandonados e substituídos por identificação. A autoridade parental ou paterna introduzida no Eu forma o núcleo do Super-Eu, que toma emprestado do pai sua severidade, perpetua a proibição do incesto e assim assegura o Eu contra o retorno dos investimentos libidinais do objeto. Os anseios libidinais pertencentes ao Complexo de Édipo serão em parte dessexualizados e sublimados, o que provavelmente ocorre em cada transformação em identificação e em partes inibidos quanto meta, e transformações em moções de ternura (Freud, 1924, p. 263).

Sobre a função da castração para a estrutura psíquica:

> A castração só pode ser a representação simbólica da ameaça de desaparecimento na medida em que esta

não concerne ao pênis, objeto real, mas ao falo, objeto imaginário. Esse deslocamento permite a Lacan estabelecer uma inexistência de diferença entre a menina e o menino do ponto de vista do desenrolar do Édipo, ambos desejando, num primeiro momento, ser o falo da mãe, posição incestuosa da qual têm que ser desalojados pelo "Pai simbólico", marca incontornável do significante, antes de se chocarem com o "Pai real", portador do falo e reconhecido como tal pela mãe. Além disso, tal abordagem se abre para a concepção lacaniana da psicose, na qual a evitação da castração simbólica leva a seu retorno no real (Roudinesco, 1998, p. 106).

Vejamos agora como o Édipo se desenvolve na menina. Na menina, ou o sujeito na posição feminina, existe um tempo pré-edipiano caracterizado pelo desejo incestuoso de possuir a mãe, sendo esta o seu primeiro objeto de identificação. A menina só entra no Édipo depois de abandonar a mãe no pré-édipo. A menina acredita possuir um falo e vive a mesma potência do menino; novamente, opera o mecanismo da negação. Ao se deparar com o pênis, a menina questiona o seu falo, que está calcado no clitóris. A menina se sente privada do falo, por não ser igual ao do menino.

O falo para a menina se torna uma imagem de si mesma. A menina não se convence e deseja o falo a todo custo. Surge aqui a expressão "inveja do pênis", que, em uma compreensão mais arcaica, poderíamos dizer que a menina inveja ser o menino. Talvez na época em que a teoria foi cunhada, o contexto patriarcal foi preponderante para que se entendesse assim, supondo que as mulheres desejam ser tratadas socialmente iguais aos homens. A menina não inveja o pênis, ela deseja o falo. Este se torna um significante para a falta: no menino traduzido pelo medo de perder e na menina pela ausência; assim, o conceito de falo, sendo esse um objeto, ganha um duplo: por um lado, representa poder e, por outro, a angústia da falta (Nasio, 2017).

A menina entra no Édipo ao investir a libido no corpo do pai, ao acreditar que ele poderá lhe dar o falo negado pela mãe, ela quer reivindicar seu poder. Mas ela descobrirá que o pai também não pode lhe dar o falo, resultando em ódio da menina. Agora a menina troca a inveja do falo pelo desejo de ser possuída pelo falo do pai, ela pode pensar assim: "Quando ficar grande, vou tomar papai de mamãe e me casar com ele".

A mãe se torna uma rival poderosa, graciosa e feminina. As atitudes da menina se baseiam no ideal da mãe e no que ela representa. Contudo, da mesma forma que o pai nega o falo, ele também rejeita tomar a menina como objeto. A menina deseja preservar a sua pessoa e a sua imagem, aceitando recalcar seu desejo pelo pai. A menina é marcada por duas recusas: de possuir o falo do pai e por não ser seu objeto. Isso não torna a mulher inferior, mas sim potente pelo que assimilou de sua mãe e de seu pai (Nasio, 2017).

Ainda podemos pensar que as questões contemporâneas deste tema giram em torno de problematizar certos lugares. O leitor pode estar pensando, por exemplo, na triste realidade brasileira em que mães solteiras precisam criar seus filhos sem os pais que os abandonou. Esse ponto é importante para pensarmos a cultura e a falência das pessoas em tolerarem frustrações da vida cotidiana. O que nos interessa aqui não é bem o papel, mas a função. A leitura da obra freudiana requer uma leitura crítica para que não se reproduza preconceitos importados da época em que foi concebida. Podemos pensar que essa mãe solteira precisa trabalhar e deixa o seu filho sob os cuidados de uma escola. O trabalho da mãe aqui faz exatamente a função do pai no século XX: a interdição. Essa interdição reorganiza a vida psíquica, na qual eu não preciso ser tudo o tempo todo para o outro, e vice-versa.

Como dito anteriormente, a neurose é uma possibilidade de saída do complexo de Édipo, mas não é a única. Sua etiologia é marcada pelo recalque que reprime os desejos incestuosos e, com isso, cria as bases para a latência e, consequentemente, outros modos de se identificar com as pessoas. O retorno desse conflito recalcado se dá em termos simbólicos, detectáveis nos sonhos e nas fantasias dos neuróticos, produzindo uma gama variável de sintomas.

No entanto, existem outros dois mecanismos que são importantes para verificar outras possibilidades de dissolução: os mecanismos da renegação e da forclusão. O primeiro se configura como uma espécie de desmentido diante da imposição da interdição; o sujeito reluta contra ela e deseja manter o *status quo* da natureza sexual infantil, que retorna no simbólico, inscrita por um fetiche que substitui a sexualidade exercida genitalmente, a esse tipo de estruturação psíquica chamamos de perversão. Já a forclusão tem um aspecto cindido diante da castração. Tendo como base a negação já presente no complexo de Édipo que operava para diluir a angústia das diferenças entre os sexos – em termos narcísicos, de que todos são iguais a mim –, o retorno dessa forma de negar não se dá pela via simbólica, mas no real permeado por fantasias hipertrofiadas que produzem os fenômenos de alucinação. Aqui temos a etiologia das psicoses.

Portanto, para a clínica psicanalítica, o complexo de Édipo funciona como uma metáfora que organiza a vida sexual do sujeito, trocando o lugar da onipotência infantil de amar e ser amado pela possibilidade de um amor que não se constrói pelas vias da perfeição. A interdição aqui torna um sujeito mais capaz de tolerar as relações interpessoais e de participar da cultura. Também é de suma importância para a compreensão das estruturas psicológicas que se organizam de forma tripartite: neurose, psicose e perversão. Espero que o leitor assimile as estruturas não como "caixinhas", mas que, por produto das ações defensivas, teremos traços mais ou menos latentes de todas. Essas compreensões são fundamentais para se mergulhar nas derivações psicopatológicas de cada uma delas.

REFERÊNCIAS

FINK, B. *Fundamentos da técnica psicanalítica*: uma abordagem lacaniana para praticantes. São Paulo: Blucher, 2020.

FREUD, S. A questão da análise leiga. *In*: FREUD, S. *Fundamentos da clínica psicanalítica*. Belo Horizonte: Autêntica, 2016a. (Coleção Obras Incompletas de Sigmund Freud).

FREUD, S. Construções em Análise. *In*: FREUD, S. *Fundamentos da clínica psicanalítica*. Belo Horizonte: Autêntica, 2019b. (Coleção Obras Incompletas de Sigmund Freud).

FREUD, S. O declínio do complexo de édipo (1924). *In*: FREUD, S. *Neurose, psicose e perversão*. São Paulo: Autêntica, 2018.

FREUD, S. Recomendações ao médico para o tratamento psicanalítico. *In*: FREUD, S. *Fundamentos da clínica psicanalítica*. Belo Horizonte: Autêntica, 2016c. (Coleção Obras Incompletas de Sigmund Freud).

FREUD, S. Recordar, repetir e perlaborar. *In*: FREUD, S. *Fundamentos da clínica psicanalítica*. Belo Horizonte: Autêntica, 2019d. (Coleção Obras Incompletas de Sigmund Freud).

FREUD, S. Sobre a dinâmica da transferência. *In*: FREUD, S. *Fundamentos da clínica psicanalítica*. Belo Horizonte: Autêntica, 2019e. (Coleção Obras Incompletas de Sigmund Freud).

FREUD, S. Sobre o início do tratamento. *In*: FREUD, S. *Fundamentos da clínica psicanalítica*. Belo Horizonte: Autêntica, 2016f. (Coleção Obras Incompletas de Sigmund Freud).

FREUD, S; BREUER, J. Caso Emmy Von N. *In*: FREUD, S. *Obras completas*: estudos sobre e histeria (1893-1895). São Paulo. Companhia das Letras, 2016. v. 2.

LACAN, J. A direção do tratamento e os princípios de seu poder (1958). *In*: *Escritos*. Rio de Janeiro: Jorge Zahar, 1998.

NASIO, J. D. *Édipo*: o complexo pelo qual nenhuma criança escapa. Rio de Janeiro: Zahar, 2017.

QUINET, A. *As 4+1 condições da análise*. Rio de Janeiro: Zahar, 1991.

ROUDINESCO, E.; PLON, M. *Dicionário de psicanálise*. Rio de Janeiro: Jorge Zahar, 1998.

CAPÍTULO 3
PSICOPATOLOGIA PSICANALÍTICA

José Raimundo Evangelista da Costa
Flávio Rossi Provazi
Nathalia Vieira Machado Rodrigues

A psicopatologia psicanalítica representa um campo de estudo que revela as intricadas camadas do inconsciente humano e os processos mentais subjacentes que moldam a experiência psíquica e emocional. Freud desafiou paradigmas estabelecidos e inaugurou uma abordagem – a psicanálise – para compreender a psique humana, incluindo os aspectos mais sombrios da psicopatologia.

Nesse contexto, a psicopatologia psicanalítica descreve o ser humano como sobredeterminado, influenciado por forças, desejos e conflitos inconscientes, atribuindo grande importância aos afetos, visto que eles dominam o psiquismo. Nessa perspectiva, a visão de um ser humano racional, autocontrolado e senhor de seus próprios desejos é considerada uma ilusão (Dalgalarrondo, 2019).

A psicopatologia psicanalítica é sustentada pela noção de que a psique é uma arena de forças conflitantes, inconscientes, que moldam o pensamento, a atitude e as experiências emocionais.

Observa-se na linguagem corrente termos como "paranoico", "histérico", "obsessivo", "perverso", entre outros. Esses são termos da psicopatologia psicanalítica que designam modos de organização psíquica de cada pessoa (Ménéchal, 2002). De acordo com o autor, a psicopatologia pode ser definida como a ciência do sofrimento psíquico e está ligada ao estudo da psique.

Entretanto, Ceccarelli (2005, p. 471) indica que a expressão "psicopatologia" é formada por três palavras gregas: *"psyché"*, que gerou "psique", "psiquismo", "psíquico", "alma"; *"páthos"*, que se tornou "paixão", "excesso", "passagem", "passividade", "sofrimento", "assujeitamento", "patológico"; e *"logos"*, que se transformou em "lógica", "discurso", "narrativa", "conhecimento". Psicopatologia seria, então, um discurso, um conhecimento (*logos*) sobre a paixão (*páthos*) da mente (*psyché*). Significa, portanto, um discurso representativo sobre o *páthos* psíquico, ou seja, um discurso sobre o sofrimento psíquico, sobre o padecer psíquico. A *psyché* é dinâmica, mas a direção que ela toma é determinada pelo *páthos*.

3.1 Noção de estrutura psíquica em psicanálise

A psicanálise teve seu início em um campo muito restrito, e o seu objetivo principal era compreender as doenças nervosas "funcionais" para melhorar o tratamento médico que até então era ineficaz. Naquela época, os médicos davam grande importância aos aspectos químicos, físicos e anatômicos das doenças, considerando todos os problemas psicológicos como disfunções biológicas, ignorando sua natureza psicológica (Freud, 2006d).

Essa falta de compreensão afetava diretamente o tratamento, que geralmente envolvia a administração de medicamentos e abordagens mal concebidas e inamistosas, como ameaças, zombarias e advertências, na tentativa de forçar o paciente a "se controlar" (Freud, 2006d). A partir de seus esforços, Freud inaugurou a primeira clínica da psicologia e desenvolveu uma teoria "puramente psicológica" da neurose, dando destaque para os processos afetivos.

De acordo com Freud (2011), as personalidades dos indivíduos podem ser categorizadas em três estruturas mentais distintas: psicose, neurose e perversão. Uma vez que a personalidade seja definida em uma dessas estruturas, ela permanecerá constante, embora a intensidade dos sintomas específicos possa variar. Isso implica que uma estrutura exclui a outra; por exemplo, um indivíduo neurótico não apresentará sintomas associados à psicose.

Freud (2011) apresentou três estruturas de funcionamento mental: a neurose, que envolve o conflito entre o ego e o id; a perversão (ou psiconeurose narcisista), que envolve o conflito entre o ego e o superego; e a psicose, que é caracterizada pelo conflito entre o ego e o mundo exterior.

Na segunda tópica do aparelho psíquico, Freud delineou três instâncias – o id, o ego e o superego – que desempenham funções específicas na dinâmica da estrutura psíquica. O id está intimamente ligado ao corpo e atua como um reservatório de impulsos primitivos, fornecendo energia para as atividades mentais. Ele serve como fonte dinâmica para o desenvolvimento do ego e do superego.

Mais especificamente: o id representa o inconsciente de uma pessoa, abrigando impulsos primitivos e intransigentes, que não aceitam compromisso ou renúncia. O ego atua como mediador entre as diferentes instâncias do psiquismo e o mundo exterior, enquanto o superego é a internalização dos objetos emocionalmente significativos, como os pais, e é o guardião da moralidade, tanto consciente quanto inconscientemente (Heimann, 1982).

Freud caracterizou ainda os múltiplos laços de dependência do ego, sua posição intermediária entre o mundo externo e o id, e o seu empenho em fazer a vontade de todos os seus "senhores" ao mesmo tempo. As atitudes de um indivíduo seriam o resultado da interação e dos conflitos entre essas instâncias (Freud, 2006c).

Um ponto crucial na compreensão dessas estruturas mentais é seu mecanismo de defesa, conforme delineado por Freud. Esse mecanismo de defesa representa uma resposta inconsciente que o psiquismo do indivíduo desenvolve para lidar com o sofrimento decorrente do complexo de Édipo.

Na neurose, o mecanismo de defesa empregado é o recalque/repressão. Para Freud (2006c), as neuroses se desenvolvem quando o ego se recusa a aceitar ou permitir a expressão motora (afeto) de um forte impulso instintivo do id, ou quando questiona o objeto desse impulso. Para se proteger e para manter em equilíbrio, o sistema psíquico, o ego, recorre ao mecanismo de repressão, e o que é reprimido eventualmente se manifesta como sintoma. Essa dinâmica ocorre em todas as neuroses, pois o ego entra em conflito com o id, em busca de atender o superego e a realidade. Na neurose, o ego, em sua dependência com a realidade, reprime/recalca o impulso instintual do id (Freud, 2006c).

Para ele, o motivo da irrupção de uma neurose é sempre a frustração, a não realização de algum afeto. Tal frustração é, no fundo, sempre externa, mas, em casos individuais, pode vir daquela instância interior, o superego, que se encarregou de representar as exigências da realidade (Freud, 2006c).

O superego funciona como um modelo ideal a ser alcançado pelo ego (Freud, 2006c). Assim, pode-se entender que um superego rígido não exige do ego que ele se desculpe por um impulso agressivo, ele exige do ego que esse impulso não exista, que seja eliminado (Klein, 2006c). Nesse contexto de reflexão sobre a severidade do superego, Freud (2006a) descreveu pacientes que sucumbiam ao adoecimento psíquico após a realização de um desejo há muito tempo nutrido, por serem arruinados no êxito.

Freud (2006c) considerou importante o funcionamento do superego no surgimento de todas as neuroses e psicoses. Desse modo, destacou também a psiconeurose narcisista, ou perversão, que é um distúrbio baseado em um conflito entre o ego e superego. Os primeiros acontecimentos traumáticos deixam uma marca indelével na história clínica, manifestando-se em uma série de sintomas e características peculiares que não podem ser explicados de outra forma: são necessárias interligações sutis, mas fortes na intrincada estrutura da neurose, psicose e perversão. Se a análise não penetrasse tão profundamente, o seu efeito terapêutico falharia (Freud, 1976 *apud* Chaves, 2018).

Portanto, o conceito de estrutura clínica na teoria psicanalítica constitui o quadro básico para a compreensão das diferentes manifestações do conflito psíquico e suas consequências na psicopatologia. Quando se pensa no termo diagnóstico estrutural em psicanálise, refere-se a uma avaliação clínica que visa compreender a organização interna e os padrões subjacentes da personalidade de um indivíduo.

3.2 Neurose

As descobertas de Freud sobre o conteúdo simbólico dos sonhos, dos sintomas histéricos, de como o indivíduo se denuncia por meio dos atos falhos, dos chistes, junto as evidências do poder psíquico da sexualidade e do desejo reprimido, constituem a base da teoria e da técnica psicanalítica. Contudo tem-se observado que algumas situações extrapolam essa clínica simbólica, e isso exige a introdução de novas questões que tentem evitar o desgaste epistemológico resultante do uso inadequado ou impróprio de quadros conceituais (Costa, 2008).

Independentemente da própria complexidade da infinita variedade da realidade clínica, a teoria da neurose constitui a referência básica, e até confirma suas conexões estruturais (Mijolla; Mijolla-Mellor, 2002).

Podemos dizer que o conflito neurótico é importante, mas se apresenta como insuficiente para elucidar o desencadeamento e a persistência da neurose. De acordo com Mijolla e Mijolla-Mellor (2002, p. 461), isso "implica à partida uma frustração", no sentido alemão de *versagung,* quer em consequência de um obstáculo exterior, quer decorrente de um obstáculo de ordem interna.

A neurose levanta problemas importantes para a psicopatologia: por que o pensamento moderno sobre esse conceito é confundido com a conjectura de Freud? Até que ponto o problema neurótico existe independentemente dessa perspectiva psicanalítica? O que o DSM-III-R questiona ao excluí-lo em favor dos transtornos de ansiedade e dos transtornos somatoformes? (Ménéchal, 2002). Neurose é um conceito que está há muito tempo no cerne da psicopatologia e da compreensão da psicanálise.

A exclusão das neuroses do DSM-III-R em favor dos transtornos de ansiedade e transtornos somatoformes constitui uma mudança importante na terminologia e no enquadramento dos transtornos psicológicos. Essa mudança pode ser vista como uma tentativa de passar da psicanálise para uma linguagem mais descritiva. Essa mudança terminológica levanta aspectos sobre a validade e a utilidade do conceito de neurose. Alguns argumentam que a neurose continua a ser uma categoria clínica que não deve ser descartada, porque capta nuances e complexidades nas experiências humanas que passariam despercebidas numa abordagem estritamente descritiva.

Para Laplanche e Pontalis (1998), a neurose seria o estado psicogênico em que os sintomas são a expressão simbólica de um conflito intrapsíquico que tem suas raízes na história infantil do indivíduo e estabelece compromissos entre desejo e defesa. Para os autores, a extensão do termo neurose variou muito, mas há hoje uma tendência a reservá-lo, quando se trata de formas clínicas que podem estar ligadas à neurose obsessiva, à histeria e à neurose fóbica. A nosografia distingue assim as neuroses, psicoses, perversões e transtornos psicossomáticos, daqueles quadros que chamamos de neuroses atuais, neuroses traumáticas ou neuroses de caráter.

A psicopatologia psicanalítica das neuroses baseia-se em uma transformação que ocorre no discurso de cura e obviamente tendo em conta os fatores que desencadeiam esses processos de transformação. A neurose, como qualquer outra entidade psicopatológica, não é um estado estável, mas um estado em que a estabilidade resulta do jogo de forças complexas que a abordagem psicanalítica permite avaliar em cada indivíduo (Mijolla; Mijolla-Mellor, 2002). A psicopatologia psicanalítica das neuroses é um campo de estudo que nos permite compreender as complexidades das neuroses.

A estrutura neurótica, conforme apontada por Freud, caracteriza-se por um delicado equilíbrio conflitante entre as instâncias psíquicas. O ego tem um papel importante na mediação das investidas do id, e a ansiedade gerada pela ameaça de conflito intrapsíquico é reduzida por mecanismos de defesa como repressão/recalque, negação e projeção, permitindo ao indivíduo manter um sentimento de unidade e boa sanidade.

A seguir, vamos discorrer sobre as principais neuroses, de acordo com a teoria psicanalítica de Freud: a neurose histérica, a neurose fóbica (ou histeria de angústia), a neurose obsessiva e a neurose de angústia (neurose atual).

3.2.1 Neurose histérica

Segundo Zimerman (1999), o conceito de histeria abrange várias modalidades e graus de quadros clínicos dentro da categoria de neurose histérica. Além disso, ele também pode ser analisado a partir de outras perspectivas, como a de uma personalidade (ou caracterologia) histérica, ou ainda a possível presença de traços histéricos em praticamente todas as personalidades, sejam elas normais ou psicopatológicas. O autor destaca que, ao considerar exclusivamente a neurose histérica, esta costuma ser descrita por múltiplos pontos de vista. Do ponto de vista psiquiátrico, a histeria é tipicamente dividida em dois tipos: a conversiva e a dissociativa.

Ainda de acordo com Zimerman (1999), as histerias conversivas envolvem a transformação de conflitos em sintomas perceptivos, como cegueira, surdez, perda de sensibilidade, alucinações, e em sintomas motores, incluindo contraturas musculares e paralisias. Essa conversão segue a mesma lógica simbólica presente nos sonhos, e muitas vezes os sintomas conversivos revelam de forma relativamente clara o conflito subjacente. Um sintoma conversivo específico pode ter diversos significados, exemplificado pela tosse que afetava a famosa paciente Dora, representando sentimentos sexuais, agressivos, narcisistas e melancólicos, identificação com a tosse da Sra. K. (sua rival sexual) e proporcionando um ganho secundário. O autor também destaca que a conversão não se limita às histerias e que o diagnóstico diferencial com condições orgânicas, hipocondria ou manifestações psicossomáticas pode ser complexo. Ressalta que a psiquiatria contemporânea tende a sugerir a inexistência de uma relação clínica ou dinâmica direta entre os sintomas histéricos conversivos e os traços de personalidade histérica.

As histerias dissociativas se caracterizam por uma variedade de sintomas, como desmaios, desligamentos, episódios semelhantes a epilepsia, entre outros. Isso inclui estados de *belle indifférence*, sensações de despersonalização, estranheza e até casos notáveis de personalidade múltipla. Esses últimos surgem devido à coexistência de representações distintas dentro do ego, emergindo separadamente na consciência conforme as circunstâncias e necessidades (Zimerman, 1999). Quanto aos transtornos de personalidade histérica, Zimerman (1999), destaca a distinção feita por Gabbard (1992), entre personalidade histérica e personalidade histriônica, embora haja sobreposições em alguns casos. Ele argumenta que a forma histérica tem suas fixações na fase fálico-edipiana, sendo considerada a mais equilibrada, enquanto a forma histriônica está mais relacionada aos estágios iniciais orais.

De acordo com Zimerman (1999), os transtornos de personalidade histriônica representam uma forma mais florida de histeria em comparação com as histerias convencionais, com semelhanças notáveis com os estados *borderline*. Este transtorno muitas vezes envolve uma associação simbólica entre o seio e o pênis, podendo resultar em comportamentos sexuais promíscuos e insatisfatórios na vida adulta, uma vez que o desejo intenso pelo pênis masculino é, na verdade, uma manifestação do desejo pelo seio materno, uma busca perpetuamente insatisfeita. A palavra "histrião", originária da Roma Antiga, refere-se a atores que encenavam comédias vulgares. Nas histerias, ela descreve pessoas que representam um papel, adotando uma postura teatral e muitas vezes enganadora. É importante destacar que essas pessoas também podem se mostrar impostoras na esfera da sexualidade, adotando uma aparência de hiperfelicidade ou, no caso de homens, uma hipermasculinidade.

Segundo Zimerman (1999), na atualidade, é amplamente aceito que o paciente histérico tem desejos sexuais, mas também carrega consigo feridas e necessidades narcísicas. Na prática clínica, observa-se que estas últimas se apresentam disfarçadas por uma expressão vivaz e estimulante de aspectos da sexualidade. Isso pode ser bastante sedutor para o analista, levando-o a interpretar esses fenômenos exclusivamente em termos edipianos. No entanto, o verdadeiro sofrimento do paciente, como Zimerman destaca, está nas falhas narcísicas. Esse aspecto é de suma importância, pois, mesmo que o inconsciente do histérico se esforce para esconder a dor narcísica por trás de uma fachada de sexualidade frequentemente erotizada, no fundo nada o desaponta e enfurece mais do que quando as pessoas-alvo da sedução, como o terapeuta na situação analítica, não conseguem distinguir entre "os desejos do id e as necessidades do ego carente" (Zimerman, 1999, p. 213).

3.2.2 Neurose fóbica (ou histeria de angústia)

A formação de uma estrutura fóbica na personalidade de um indivíduo é resultado de uma complexa combinação de pulsões, fantasias, angústias, defesas do ego e identificações patógenas. Essa estrutura fóbica central costuma ser influenciada por múltiplos fatores e varia consideravelmente de um sujeito para outro, tanto em intensidade quanto em natureza. Clinicamente, ela se manifesta em uma ampla gama de formas, desde aquelas mais simples e facilmente gerenciáveis até aquelas mais complexas, que podem ser incapacitantes e paralisantes (Zimerman, 1999).

Portanto, desde situações em que se observam alguns traços fóbicos na personalidade (as inibições, por exemplo) até a possibilidade de uma caracterologia fóbica – caracterizada por um modo evitativo de comportamento, aliado a um estilo de comunicação e lógica específicos –, pode-se chegar a uma configuração clínica de uma típica neurose fóbica. Em certos casos, o comprometimento do sujeito é tão acentuado que não é exagero referir-se a isso como uma psicose fóbica (Zimerman, 1999).

Ademais, embora não seja raro que a fobia seja a manifestação predominante, ela geralmente está associada a outras configurações no mesmo indivíduo, como traços histéricos e, principalmente, elementos obsessivos e paranoides, que são considerados suas parentes próximas legítimas. Segundo a observação de analistas com vasta experiência clínica, os elementos fóbicos, obsessivos e paranoides frequentemente coexistem e se entrelaçam, mas estão organizados em camadas, sendo a estrutura obsessiva a mais proeminente no ego do sujeito. Quando esta falha, surge a predominância da estrutura fóbica, e, em um nível mais regressivo, surge a estruturação paranoide (Zimerman, 1999).

A neurose fóbica é caracterizada por uma fixação no estágio edipiano. A angústia, nesse caso, está geralmente relacionada com a ameaça de castração. Os mecanismos de defesa específicos associados ao recalcamento são: o deslocamento e a projeção. As vantagens são: "o acesso à consciência de um sentimento desagradável de agressividade relativamente a uma figura parental, por exemplo, é o recalcado, permitindo conservar uma relação estreita com o pai, podendo ser a situação fóbica a ser evitada" (Braconnier, 2007, p. 264).

O impasse não resolvido associado ao complexo de Édipo desempenha um papel muito importante na origem do caráter fóbico, manifestando-se como neurose fóbica. Essa condição é caracterizada pela presença de um padrão de comportamento que consiste principalmente em uma tendência para evitar contato com os demais e uma contínua dependência de reasseguramento por parte daqueles que de certa forma lhe oferecem proteção.

O indivíduo se defende das exigências libidinais do complexo de Édipo, como demonstra a história do pequeno Hans (apresentado por Freud), que, sentindo amor pela mãe e hostilidade para com o pai, de quem teme vingança, a ameaça de castração; a força motriz por trás dessa defesa é o desenvolvimento de sintomas de angústia diante de um perigo real percebido (a castração); o ego libera sinais de angústia e inibe o processo de investimento no id. O movimento reprimido é substituído pela dor e inibe o pequeno Hans na presença de um cavalo (que quer mordê-lo), e o ego dita que a ação seja inibida para não despertar as suas angústias: a dificuldade de sair à rua (Braconnier, 2007).

3.2.3 Neurose obsessiva

O DSM-IV classifica essa condição como Transtorno Obsessivo-Compulsivo (TOC). A natureza obsessiva diz respeito à forma como os mecanismos defensivos do ego lidam com fortes ansiedades. É essencial distinguir entre traços obsessivos em pessoas consideradas normais, caráter marcadamente obsessivo e neurose obsessiva-compulsiva. A caracterologia obsessiva implica a presença constante de traços como meticulosidade e controle, sem afetar a harmonia do indivíduo de forma excessiva. Por outro lado, a neurose obsessiva traz sofrimento para o próprio indivíduo e para os outros, podendo prejudicar seu funcionamento na vida familiar e social. Os sintomas obsessivos e compulsivos podem levar a uma incapacitação total, beirando a psicose. Obsessão refere-se a pensamentos intrusivos que atormentam, enquanto compulsão descreve os comportamentos motores para contrapor esses pensamentos. O diagnóstico de um transtorno obsessivo não define uma única forma de personalidade, pois pode manifestar-se de maneiras opostas, com inclinações à passividade ou agressividade (Zimerman, 1999).

A gênese da estruturação obsessiva tem sido extensivamente estudada por diversos autores, desde Freud até os contemporâneos. Freud abordou o tema ao longo de várias obras, com destaque para os anos de 1894 a 1926. Além dele, outros autores, como Karl Abraham, Donald Meltzer e J. Ch. Smirgel, também contribuíram para a compreensão da organização obsessiva, destacando a importância do superego, das pulsões sádico-anais e do narcisismo. Essas contribuições ampliam a compreensão do tema, abordando aspectos como a moral dos esfíncteres e a relação com a fase de treinamento fisiológico. Smirgel, por exemplo, enfatiza o papel do narcisismo na formação da organização obsessiva, incluindo conceitos como pênis fecal e idealização das fezes, que descrevem pacientes masculinos em um estado anal marcado por um mecanismo narcisista onipotente (Zimerman, 1999).

Conforme Zimerman (1999), na neurose obsessiva é crucial considerar alguns aspectos. O termo "obsessivo" tem sua origem no latim, composto por "*ob*" (indicando contraposição) e "*stinere*" (refletindo uma posição própria, como em "destino"). Isso ressalta a ambiguidade e ambivalência que caracterizam o sujeito obsessivo. Por um lado, ele se encontra submetido a um superego tirânico, sendo compelido a agir, pensar ou omitir, sob ameaça de punição. Por outro lado, ele anseia resistir a esse superego e expressar os impulsos do id de forma livre. O conflito entre as instâncias psíquicas oferece uma explicação para os sintomas característicos do obsessivo, como a busca por ordem, limpeza, disciplina e escrupulosidade. A obsessão em atividade pode se manifestar em dois perfis caracterológicos: o passivo (associado à fase anal retentiva) e o ativo (correspondente à fase anal expulsiva, conforme definido por Abraham) (Zimerman, 1999).

No perfil passivo, o obsessivo demonstra uma significativa necessidade de agradar e evitar desapontar as pessoas, decorrente de uma intensa angústia em relação a magoá-las ou perder o seu afeto. Isso pode resultar em comportamentos de submissão, frequentes pedidos de desculpas, solicitações constantes de favor, gratidão excessiva, entre outras atitudes masoquistas. No perfil ativo, o obsessivo se identifica com o agressor, assumindo um controle sádico sobre os outros e buscando impor suas próprias verdades de maneira dominadora (Zimerman, 1999).

Em ambas as formas de neurose obsessiva, persiste uma presença constante de pulsões agressivas, muitas vezes mal resolvidas, um superego rígido e, em muitos casos, implacável diante da desobediência às suas diretrizes, e um ideal do ego repleto de expectativas a serem cumpridas. Esses elementos mantêm o indivíduo em um estado contínuo de culpa.

3.2.4 Neurose de angústia (neurose atual)

Os psicanalistas geralmente utilizam os termos angústia e ansiedade de maneira semelhante, mas é plausível fazer alguma distinção. O termo "ansiedade", possivelmente associado à ideia de ânsia, isto é, um desejo excessivo, refere-se a um desequilíbrio na harmonia psíquica interna. Nem sempre essa ansiedade é evidente ou perceptível, já que o sujeito pode estar impregnado por uma ansiedade latente, oculta por meio de mecanismos de defesa que se manifestam de várias maneiras, negando-a. Para ilustrar esse ponto, consideremos o caso de alguém que tem uma fobia específica em relação a elevadores. Enquanto essa pessoa conseguir aplicar eficazmente técnicas de evitação para escapar da situação fóbica, ela pode não sentir nada. Contudo, ao confrontar diretamente a situação ansiosa, a angústia que estava latente e aparentemente inexistente pode emergir de maneira audível e impactante (Zimerman, 1999).

A palavra "angústia" tem origem no latim *"angor"*, que significa aperto, estreitamento, o que reflete com precisão os sintomas que se apresentam de forma evidente nos sintomas opressivos mencionados anteriormente. Na maioria das situações, esses sintomas indicam uma falha no mecanismo de repressão, especialmente diante de uma sobrecarga de estímulos, tanto internos quanto externos, muitas vezes de natureza traumática. Em casos clínicos em que há uma recorrência de crises de angústia, é prudente considerar a possibilidade de estar lidando com o transtorno conhecido como síndrome do pânico, o qual geralmente apresenta boa resposta ao tratamento medicamentoso específico (Zimerman, 1999).

A neurose de angústia torna evidente os sintomas de ansiedade do indivíduo, por exemplo, taquicardia, crises de angústia, dor no peito, sudorese, entre outros.

A angústia surge com um repentino e intenso medo de morrer, acompanhado de uma sensação de ameaça grave, frequentemente sem uma causa desencadeadora (Pendinielli; Bertagne, 2005).

Sobre a estrutura da angústia podemos destacar o que nos diz Braconnier (2007, p. 260):

> A angústia é um estado composto de um afeto que tem um caráter de desprazer particular (que o faz deferir do luto, da dor e da tensão) e que é acompanhado de sensações corporais ligadas a determinados órgãos (coração, respiração, intestinos etc.). Estas sensações provam que enervações motoras, e, portanto, processos de descarga, participam no fenômeno (nisso também deferindo do luto ou da dor).

A primeira descrição de neurose de angústia apresentada de forma pormenorizada foi apresentada pelo Freud em 1895, indicando que a neurose de angústia é uma neurose atual, "que não é imputável à reatualização de conflitos, sexuais infantis, mas antes a um desregulamento recente da vida libidinal: a acumulação de excitações sexuais, não encontrando via de descarga, submerge o indivíduo, sob a forma de descarga" (Pendinielli; Bertagne, 2005, p. 129).

Desse modo, a neurose atual não surge de conflitos históricos, mas, em vez disso, tem suas raízes em fatores atuais, transcendendo estritamente fatores psicológicos. Assim, a neurose de angústia é resultado de influências biológicas que operam por meio de substâncias químicas, e o acúmulo dessas toxinas sexuais geradas por excitações frustradas se manifesta diretamente em sintomas de angústia, como taquicardia, palpitações, respiração ofegante, que, de acordo com Freud, são semelhantes àquelas experimentadas durante o ato sexual (Zimerman, 1999).

A angústia tem a sua sede no ego, pois é o ego que avalia a situação de perigo, alertando o indivíduo de que existe um perigo. Em 1915, Freud explicou que, quando uma pulsão recém-surge, ela pode encontrar ao longo do caminho resistências que buscam impedir sua ação. Em determinadas circunstâncias, essa pulsão pode então ser submetida a um processo de recalque. Ele destacou que, ao contrário de um estímulo externo, quando a fuga seria a resposta apropriada para escapar de sua influência, no caso de uma pulsão, fugir não é uma opção viável, pois o ego não pode se esquivar de si mesmo. Posteriormente, o indivíduo pode perceber que repudiar o conteúdo da pulsão com base em um julgamento de valor (condenação) pode ser uma medida eficaz. No entanto, existe uma etapa anterior à condenação da manifestação pulsional, situada entre a fuga e o repúdio condenatório, que é o recalque.

É útil estabelecer certa diferença entre a neurose de angústia e a neurose atual. Enquanto a neurose de angústia alude mais diretamente à manifestação sintomática de uma angústia livre, resultante da ameaça de que os primitivos desejos proibidos, que estão reprimidos no inconsciente, retomem à consciência, a neurose atual refere mais diretamente ao que o sujeito não está conseguindo processar: um excesso de estímulos que, na realidade e na atualidade, estão acossando o seu ego. Caso o ego não consiga processar adequadamente esse estressante excesso de estímulos, eles escoarão por outras vias, como são as diversas possibilidades da fisiologia orgânica. O termo neurose de angústia caiu em certo desuso, visto que ela ora se confunde com a síndrome do pânico, ora com a neurose atual, ora com a angústia dos fóbicos diante de situações especificamente ansiogênicas. Aliás, nos primeiros tempos, Freud designava as fobias com a denominação de neurose de angústia, o que evidencia a sua percepção de que a neurose de angústia e a fobia são parentes bem próximas (Zimerman, 1999).

Os casos descritos abaixo são recortes de atendimentos realizados em uma unidade de saúde básica.

CASOS ELUCIDATIVOS

Caso 1:

O presente caso clínico descreve brevemente o acompanhamento de uma adolescente de 13 anos, cuja dinâmica familiar é caracterizada pela presença de uma mãe extremamente rigorosa, religiosa e controladora. A paciente foi inicialmente levada ao psicanalista pela genitora devido à sua resistência em frequentar a escola, apresentando sintomas de ansiedade e timidez pronunciada. No decorrer do processo psicoterapêutico, a paciente comumente tímida e com nítida manifestação somática, compartilhou situações noturnas angustiantes de terror, nas quais a mãe insistia para que ela realizasse preces e voltasse para a cama. A adolescente revelou ao analista a presença de pensamentos agressivos contra a genitora com uma frequente fantasia que envolvia agressão a uma colega de sala que a rivalizava em todos os contextos, inclusive amorosos. Durante a análise, tornou-se evidente para ela a existência de projeções e fantasias que contribuíam para o seu estado de ansiedade social; desse modo, ela as associou aos medos noturnos e à fobia social que experimentava, e, posteriormente, retornou normalmente às atividades escolares se desenvolvendo ainda mais socialmente.

Caso 2:

Uma senhora de 58 anos requereu atendimento psicológico em decorrência de crises de ansiedade e pânico, queixou-se de crises de ansiedade e comportamento impulsivo de trancar as portas. Sua história psicogênica revelou se tratar de uma pessoa religiosa e rigorosa. Aludiu traição do ex-marido havia vinte anos, com quem tem três filhas, tendo descoberto à época que ele mantinha outra família, o que determinou que ele tivesse sido "posto pra fora de casa" dessa outra família, sendo acolhido por ela no sentido de compaixão. No decurso da psicoterapia, revelou-se impulsos de agressão que eram reprimidos intensamente, pois, para ela, o pensar era pecar, tornando assim o ódio um afeto patogênico. Assim, no contexto de análise, tornou-se evidente o medo do impulso de asfixiar o "ex-marido" com o travesseiro, gerando também um medo persecutório além do medo de esse impulso se tornar real por meio das medidas constantes de evitar a cozinha, onde mantinha materiais perfurocortantes. Posteriormente, a paciente conseguiu tratar sobre seus impulsos de maneira não patogênica, tomando medidas junto a uma instituição de política pública para resolução dos seus conflitos sociais.

3.3 Psicose

No dia 24 de janeiro de 1895, Freud escreveu uma carta ao seu amigo Wilhelm Fliess e, anexo à carta, enviou o "Rascunho H" sobre a paranoia, no qual chamou a atenção para que o que se observava nesses pacientes paranoicos, que nem sempre apresentavam delírios persecutórios. Os delírios de grandeza também se faziam presentes em muitos casos. Os delírios são sustentados com a mesma energia com que outra certeza, "insuportavelmente aflitiva, é rechaçada para longe do ego. Assim eles amam seus delírios como amam a si mesmos" (Masson, 1986, p. 112).

Freud nos disse que o delírio emerge como uma forma de restituir o que ele chama de "verdadeira realidade, que é a estruturação paterna". Nas expressões psicóticas, observa-se "uma tentativa de dizê-lo", "de modo torto", "como uma tentativa permanentemente voltada ao fracasso" (Katz, 1991, p. 32). Os delírios aparecem na psicose como uma crença falsa: só o indivíduo acredita naquela ideia, ele não tem dúvidas e sofre com a descrença dos demais ao seu redor, respondendo algumas vezes de modo agressivo.

A psicose é considerada uma estrutura, como já mencionamos no início deste capítulo, uma construção preexistente que abrange tudo que será estudado e analisado. "Freud diz que o primeiro pedaço da realidade que o paciente deve trazer é exatamente sua doença" (Katz, 1991, p. 34); assim, quando estamos com um paciente a nossa frente, devemos nos perguntar: "Qual pedaço do seu transtorno estamos ouvindo?". A psicose seria o ponto de largada para o acompanhamento e tratamento analítico do paciente.

Quando se trata da estrutura psicótica, observa-se uma ruptura radical da integridade psíquica, as fronteiras entre o ego e o mundo externo são desintegradas e o indivíduo é levado a apresentar os sintomas ditos psicóticos (delírios, alucinações etc.).

Entretanto considera-se importante salientar que a organização psicótica, diferenciando-se das organizações normais ou neuróticas, distingue-se pela "falta de clivagem garantida entre o espaço literal e o corpo" (Leclaire, 1991, p. 138). Para esse autor, a letra continua a ecoar no corpo sem abrir espaço para o espaço erógeno da ordem das palavras.

Podemos dizer que, na psicose, "alguma coisa da função da letra se torna impossível ou falha". Um psicótico levado "ao pé da letra", quando escuta alguém dizer "Cuidado para não se afogar num copo d'água" (Leclaire, 1991, p. 143), recusa-se a beber utilizando um copo e só bebe se for da própria garrafa. Na psicose, as coisas acontecem como se a função além da letra estivesse readquirida ao nível do corpo, extinguindo a clivagem da própria alteridade.

O psicótico vivencia uma realidade singular e distorcida, como se estivesse exilado em um mundo com outro funcionamento, com outras referências. Mas, por mais complexa e enigmática que seja a realidade do psicótico, ele luta diariamente para trilhar esse labirinto/realidade singular.

O psicótico observado e analisado pela psicanálise é mais bem representado como um indivíduo que foi virado do avesso, dada a sua perda dos instrumentos de mediação (o que podemos chamar de representações) "na relação com o mundo, do que como uma mônada fechada em si mesma e completamente alheia à realidade exterior" (Simanke, 2009, p. 216).

Entretanto, para a escola das relações de objeto, oriunda da Inglaterra, que teve como seus principais pilares a psicanalista Melanie Klein e o psicanalista Donald Winnicott, postulou que a análise de crianças muito pequenas mostrou relevância clínica para a análise de pacientes esquizofrênicos. Até cerca de 1920, acreditava-se que os pacientes esquizofrênicos eram incapazes de estabelecer transferência e, por conseguinte, não poderiam ser submetidos à psicanálise. Desde então, a análise de pacientes com esquizofrenia tem sido tentada por meio de várias técnicas. No entanto, a mudança de perspectiva mais radical sobre esse assunto ocorreu devido ao entendimento dos mecanismos, ansiedades e defesas em funcionamento na infância mais precoce desenvolvida por Klein e Winnicott. Com a descoberta de algumas dessas defesas contra o amor e o ódio, originadas nas relações primárias de objeto, tornou-se plenamente compreendido que pacientes esquizofrênicos podem desenvolver tanto uma transferência positiva quanto uma transferência negativa. Esse achado é corroborado ao aplicarmos consistentemente no tratamento de pacientes esquizofrênicos o princípio de que é essencial analisar tanto a transferência negativa quanto a positiva e que, de fato, uma não pode ser adequadamente compreendida sem a outra (Klein, 1982).

Talvez por isso que Corso (1993) nos apresenta a ideia de que o psicótico é um indivíduo infantil. Não se trata de um indivíduo adulto, ele não chegou lá, é como se estivesse ficado no meio do caminho, não se desenvolveu completamente e agarra-se à infância de modo patogênico como sua tábua de salvação. Não conseguiu chegar ao complexo de Édipo, estaria perdido por aí, talvez em alguma subdivisão da fase oral ou considerando um melhor prognóstico numa subdivisão da fase anal.

No entanto, não se trata de uma criança qualquer: trata-se de uma criança que precisa de uma mãe suficientemente boa; afinal, não conseguiu chegar ao pai. Não há um terceiro (Corso, 1993).

O caso clínico descrito a seguir pode contribuir para a reflexão de possibilidades de cuidados em psicanálise na psicose.

> **CASO ELUCIDATIVO**
>
> Paciente de 20 anos, diagnosticado com esquizofrenia paranoide, deu entrada no Centro de Atenção Psicossocial após primeira crise esquizofrênica, que ocorreu na mesma semana em que conseguiu um trabalho. O estudo psicogênico do caso elucidou estrutura psicótica caracterizada por uma infância e juventude com ausência de contatos íntimos tanto no âmbito de amizade como no amoroso. Após diminuição do quadro de delírios e alucinações, o paciente solicitou atendimento individual, além de todas as atividades que realizava no CAPS de segunda a sexta-feira. O psicólogo psicanalista prontamente atendeu seu pedido, sendo agendado encontro semanal. No decurso dos atendimentos o paciente se mantinha calado, mas, mesmo assim, o analista permanecia interessado e presente para o que fosse possível. Após meses de acompanhamento, o paciente revelou percepções persecutórias constantes, inclusive medidas que podia realizar contra um suposto ataque do analista, que, com o tempo, percebeu que não lhe faria mal. Com o decurso do tratamento, foi possível realizar interpretações acerca das transferências, o que permitiu que, posteriormente, ele conseguisse se relacionar de forma mais adequada, chegando a ter uma recolocação ao trabalho como estoquista.

3.4 Perversão

A estrutura perversa constitui uma das principais categorias da psicopatologia psicanalítica. Podemos considerar, conforme o pai da psicanálise, Sigmund Freud, que a neurose é o negativo da perversão (e não o inverso). Na verdade, grande parte da energia pulsional (libido), de fato – e, portanto, da psique –, é, de certa forma, perversa. Aquilo que caracteriza todas as organizações perversas é um sistema específico e altamente complexo, por trás da ausência de recalcamento de uma ou outra das várias componentes da vida sexual pré-genital, todas marcadas precisamente pelo investimento erótico eletivo das diversas zonas erógenas ou de objetos parciais (Mijolla; Mijolla-Mellor, 2002). Os perversos desafiam as normas sociais e sexuais tradicionais, destacando a influência do desejo sexual na formação das estruturas clínicas.

Quando se trata da clínica psicanalítica da perversão e do problema crucial a ser enfrentado, deparamo-nos com dois aspectos: o primeiro deles seria o estabelecimento de um conceito clínico isento de preconceitos culturais; e o segundo, a delimitação do termo perversão, porque abrange um campo que vai da prática da psicanálise até as normas sociais e jurídicas. Mesmo levando em conta a contribuição de Freud e o desenvolvimento teórico-técnico em psicanálise quanto à perversão, os julgamentos morais ainda exercem grande influência sobre ela (Queiroz, 2004). Para alguns autores, apenas o domínio da perversão sexual entra no domínio da psicanálise como um tratamento clínico. Para outros, o comportamento desviante deveria ser abordado legalmente, porque surge precisamente da contraposição do perverso à castração e, portanto, à lei.

Podemos nos perguntar: "Por que um indivíduo perverso buscaria um analista? Seria pelo alívio momentâneo de seu desconforto, sem abrir mão de seu prazer perverso?". Ou talvez ele utilize o discurso analítico como uma ferramenta retórica para aprimorar sua incessante missão de desafiar a ordem, perseguindo o prazer a todo custo. Pode também reverenciar a lei (personificada pelo analista), confessando suas condenáveis encenações reais, apenas para desafiá-la novamente em relatos intermináveis e, assim, triunfar fantasiosamente sobre a castração. Ou ainda, ele pode formar uma aliança perversa com o analista, deslocando-o do papel de ouvinte e reduzindo-o a um mero espectador de seu monólogo exibicionista. Em qualquer uma dessas demandas, a transferência perde sua função de suporte para a interpretação, resultando em uma relação estéril com o analista, na qual o perverso busca obter algum benefício para manter o seu controle. As regras da associação livre e da neutralidade se mostram ineficazes no trabalho analítico com um perverso: a primeira é sistematicamente desrespeitada pelo analisando, que a substitui pelo relato compulsivo e inflexível de suas encenações reais, enquanto a segunda coloca o analista no papel de ouvinte passivo e cúmplice, conforme a manipulação do perverso. Assim, o perverso desafia tanto a prática quanto a ética do psicanalista, rejeitando a castração imposta pela análise por meio do simbólico (Coutinho *et al.*, 2004).

Podemos afirmar que a perversão e a sua relação com a psicopatologia na perspectiva psicanalítica se constituem num tema complexo e bastante explorado pelos pesquisadores da psicanálise nas últimas décadas. Freud e os pós-freudianos desenvolveram pesquisas e ideias cruciais para buscar entender como as perversões se encaixam no contexto mais amplo da psicopatologia psicanalítica.

A psicanálise foi inicialmente consistente com a visão da psicopatologia empírica clássica, que tomava os sintomas como o ponto de partida da observação. Freud lembra aos médicos das limitações do estudo da consciência para a compreensão dos sintomas e os convida a pensar em uma psicologia do inconsciente e a conceber que se possa alforriar do sintoma pela escuta analítica, sem, para isso, esquecê-lo ou descuidar (Queiroz, 2004).

Podemos destacar que nem todas as perversões são patológicas. Elas podem ser maneiras de expressar desejos e fantasias sexuais que, embora diferentes do que é socialmente aceito, não causam um sofrimento significativo ao indivíduo ou a outras pessoas. Julgar se uma perversão é ou não patológica depende, em grande parte, do grau de desconforto, angústia ou prejuízo que ela provoca em relação às normas culturais.

A perversão apresenta um caráter muito estável que contribui para uma dificuldade na abordagem psicanalítica, na medida em que o mecanismo de domínio como os da clivagem e recusa se instalam *a priori*, no lado oposto ao de qualquer respectiva mudança, habitualmente procurada por uma análise. O perverso apresenta alguns comportamentos, por exemplo, a pedofilia, que nos remete para uma pergunta de ordem ética a que a psicopatologia psicanalítica não pode responder sozinha (Ménéchal, 2002).

O caso clínico descrito a seguir pode apresentar uma exemplificação de uma perversão:

CASO ELUCIDATIVO

"Z., médico, constituição neuropática, muito sensível ao álcool. Em circunstâncias comuns, é capaz de realizar coito normal, mas, assim que acabava de beber vinho, sentia que sua libido aumentada não mais se satisfazia com o simples coito. Nessas condições, sentia-se compelido a furar as nádegas das mulheres, ou aplicar-lhes golpes de lanceta, para ver sangue e sentir a lâmina entrando no corpo vivo, a fim de ter uma ejaculação e experimentar a saciedade completa de sua voluptuosidade" (Ebing, K., 2000, p. 35).

3.5 Psicanálise e políticas públicas

Em 1918, durante o V Congresso Psicanalítico Internacional em Budapeste, representantes de alto escalão das potências centro-europeias estiveram presentes como observadores nas comunicações e atividades. Na ocasião, surgiu a promessa de estabelecer centros psicanalíticos, nos quais médicos com formação analítica teriam a oportunidade de estudar os complexos distúrbios e o efeito terapêutico da psicanálise sobre eles. No entanto, antes que essas propostas pudessem ser colocadas em prática, a guerra terminou, as estruturas organizacionais estatais entraram em colapso e o interesse nas neuroses de guerra foi substituído por outras preocupações. É notável, no entanto, que, com o término das condições de guerra, a maioria das perturbações neuróticas relacionadas à guerra desapareceu simultaneamente (Freud, 2006b).

O texto "Introdução à psicanálise e às neuroses de guerra" de Freud, escrito em 1918, representa um marco histórico significativo na interseção entre a psicanálise e as políticas públicas. Ao ser apresentado no V Congresso Psicanalítico Internacional em Budapeste, durante um contexto de grande relevância geopolítica e social, a psicanálise atraiu a atenção de representantes oficiais das potências centro-europeias. Isso demonstrou o reconhecimento da psicanálise como uma abordagem relevante para compreender e tratar os distúrbios neuróticos associados à guerra.

Freud demonstrou um constante comprometimento em ampliar o escopo da teoria psicanalítica, indo além de suas raízes na medicina. Seus escritos, que exploraram desde análises de obras literárias – como a novela de Wilhelm Jensen, "Gradiva" – até ensaios sobre figuras históricas como Leonardo da Vinci, tinha dois propósitos: resolver questões específicas dentro da psicanálise e evidenciar a abrangência de sua teoria, muito além de uma simples ferramenta para psiquiatras. Freud via a psicanálise como uma teoria do inconsciente psíquico, acreditando que ela poderia se tornar essencial para todas as áreas que investigam a gênese da civilização humana e suas instituições fundamentais, como a arte, a religião e a ordem social (Goldenberg, 2006).

Freud, ao discutir sua abordagem das "ciências do espírito" e sua relação com a política, destacou a relevância de campos como a arte, a história das civilizações e das religiões, a mitologia, a literatura e a filosofia para enriquecer sua "jovem ciência". Embora sua correspondência revele questionamentos políticos, ele evita explicitamente tratar do campo político, talvez devido à complexidade de articulação da psicologia individual com a psicologia coletiva, uma questão que perpassa sua obra desde "Totem e tabu", de 1913, até "Moisés e o monoteísmo", de 1939. Seu texto fundamental "Psicologia das massas e análise do eu", de 1921, sugere que as psicologias individual e social estão intrinsecamente entrelaçadas, destacando a importância dos processos libidinais e narcísicos na compreensão das relações entre o indivíduo e a coletividade.

No contexto de sua investigação sobre os fascínios coletivos e o surgimento dos populismos na década seguinte, Freud identificou a importância de distinguir entre o ego e seu ideal. Ele destacou a organização formidável das multidões, que, quando estabilizadas, transformam um líder temporário em um guia político ou líder de um partido. Freud observou que o objeto político por excelência não é o indivíduo, mas a massa, e articulou essa formulação à sua concepção da pulsão de morte.

A psicanálise no Brasil se tornou robusta a partir da chegada de psicanalistas ao território brasileiro em meados do século XX – em um contexto de pós-guerra – e a implementação de instituições psicanalíticas principalmente em São Paulo e Rio de Janeiro (Dunker; Neto, 2022). Nessa época, a lógica manicomial era difundida no Brasil por meio da medicina positivista junto a ideia de curar a loucura para se encaixar nos padrões da sociedade. De acordo com Dunker e Neto (2022), a psicanálise no Brasil se aproxima da conscientização colonial por influência da Argentina, o que leva os psicanalistas a contestarem as políticas da época, por exemplo, as práticas manicomiais de saúde mental e sua relação com o Estado Liberal.

Com os movimentos de reforma sanitária, reforma psiquiátrica e reforma da previdência, a partir da década de 1970, a psicanálise apresenta função importante para a formação de novas políticas de saúde mental no Brasil que considerem o sujeito em sua autonomia, sua liberdade e seus direitos civis. A partir da Constituição de 1988, o Sistema Único de Saúde (SUS) foi contemplado com leis e dispositivos constitucionais que protegem e garantem o acesso à saúde pública por toda a população brasileira sem qualquer tipo de discriminação. Com isso, foi possível investir no aprimoramento e construção de dispositivos abertos e substitutivos de saúde mental aos hospitais psiquiátricos, como os Centros de Atenção Psicossocial (CAPS), Centros de Convivência, Consultórios na Rua e Atenção primária à saúde (Amarante; Nunes, 2018).

Portanto, no Brasil, o movimento antimanicomial teve grande influência na implementação de mudança nas políticas públicas, como verificado nos últimos dez anos. Recentemente, foi aprovada uma lei federal que proíbe a construção de novos hospitais psiquiátricos. Os recursos do poder público devem adaptar "estratégias alternativas" à saúde mental, o que foi uma grande vitória das forças progressivas da psicologia e da psicanálise, que têm um papel crucial nessa mudança (Dunker; Neto, 2022). Pode-se, então, incluir nesse processo o papel ativo da psicanálise para a construção de dispositivos abertos e substitutivos ao manicômio.

Em 2001, foi criada a Lei nº 10.2016, que dispõe sobre a garantia dos direitos dos portadores de sofrimento mental, o que ampara a continuidade da Luta Antimanicomial iniciada naquela época. Em 2011, foi instituída a RAPS (Portaria GM/MS nº 3.088, de 23 de dezembro de 2011), que trata da organização do SUS em relação à continuidade do acompanhamento em saúde mental em vários níveis e setores, trazendo a noção de tratamento integral em rede como essencial para o cuidado em saúde mental da população brasileira.

De acordo com o artigo 198 da nossa atual Constituição Federal, o SUS dispõe de vários princípios e diretrizes, sendo alguns deles: universalidade de acesso a todos os serviços de saúde, integralidade da assistência que considera a comunicação e continuidade da assistência em diferentes níveis, preservação da autonomia do sujeito, direito à informação sobre o próprio tratamento em saúde e participação ativa da comunidade.

Nesse sentido, o conceito de rede nas políticas públicas considera o trabalho multidisciplinar de diferentes setores de cuidado para que seja possível a garantia dos princípios dos direitos humanos previstos em lei. A definição do conceito de rede pela ótica psicanalista é fundamental para compreendermos a necessidade de diversos agentes de escuta nos dispositivos públicos para garantir o acesso integral do sujeito à saúde. Segundo Garcia (2002), o conceito de rede na atualidade perpassa por interações e conexões por meio da horizontalidade entre os sujeitos que têm como objetivo certa organização de propósitos, especialmente pela via da comunicação.

O Estado Liberal propõe tomadas de atitudes individuais que sobrepõem o coletivo, o que traz a ideia de desigualdades sociais tidas como naturais, eximindo a noção de coletividade na responsabilidade de justiça social pelo conceito de *equidade* (Garcia, 2002).

O conceito de rede, neste caso, é essencial para que seja viável o tratamento em saúde mental do sujeito no seu próprio território, pelo laço social, prevalecendo sua autonomia e seu desejo quanto ao tratamento, além da destituição do profissional da saúde do lugar do "saber", lugar este que pode ocupar a posição de um imperativo que retira a possibilidade de direito de escolha. O conceito de rede abre espaço para a democracia, pois todos os envolvidos têm participação ativa no processo, constituindo-se como sujeitos e garantindo os princípios básicos do SUS, como a preservação da autonomia do sujeito e seu direito de se informar sobre o próprio tratamento, e a participação da comunidade.

Em seu artigo "O tratamento do sintoma e a construção do caso na prática coletiva em saúde mental", as autoras Ana Cristina Figueiredo e Daniela Costa Bursztyn (2012) apontam a importância da construção do caso clínico nos CAPS, argumentando sobre a necessidade da diferenciação entre sintoma psicanalítico (conflito psíquico) e sintoma médico psiquiátrico (descritivo), na medida em que este último privilegia a classificação diagnóstica e, portanto, a medicalização.

A discussão diagnóstica, a expressão singular dos sintomas, a relação transferencial, as demandas e os diversos momentos de um tratamento são elementos da construção do caso que orientam o trabalho em equipe a partir de um "saber fazer" com a lógica do sintoma em cada caso, e não apenas a partir do saber dedutivo das classificações diagnósticas (Bursztyn; Figueiredo, 2012, p. 136).

Acredita-se que partilhar o caso com diferentes dispositivos e em equipe multiprofissional possibilite a continuidade, garantia e suporte do acesso do sujeito ao mundo, dando a ele a oportunidade e o direito de dizer de si mesmo e dos caminhos para a própria estabilização psíquica.

3.6 Psicanálise e sociedade

Freud, por meio da psicanálise, não apenas construiu método psicoterapêutico de alívio para o sujeito por meio da fala, mas também revolucionou de maneira profunda e irreversível a maneira como a cultura é vivenciada e construída: a vida social e as atitudes dos indivíduos em relação ao outro estão intrinsecamente ligadas, desafiando a divisão tradicional entre psicologia individual e psicologia coletiva. A experiência subjetiva, fundamental na análise, está conectada às relações com os outros e à linguagem simbólica que a define. Além disso, Freud estendeu a compreensão do inconsciente aos sintomas e ao mal-estar da sociedade como um todo, criando uma base teórica que conecta a psicanálise com a cultura de maneira significativa. Ele enfatizou que a distinção entre o inconsciente individual e coletivo não é conceitualmente relevante.

A psicanálise, para Freud, não é apenas uma psicologia individual, mas uma ferramenta para a análise crítica da cultura. No entanto, para fazer isso de maneira eficaz e evitar interpretações simplistas, é crucial que os analistas se baseiem na experiência clínica. A clínica psicanalítica é uma base sólida que permite ao analista questionar uma cultura de forma crítica.

Em suas reflexões sobre a cultura, Freud optou por não fazer distinção entre os termos "cultura" e "civilização". Ele via a cultura como a dimensão interior da vida social, representada pelos impulsos que surgem do indivíduo, e a civilização como a dimensão espiritual das instituições humanas, ligadas a um código universal que influencia a subjetividade e a regulamentação das interações entre os sujeitos. A introdução do conceito de pulsão de morte na teoria psicanalítica levou Freud a usar sistematicamente a palavra *"kultur"* (cultura), e a categoria do "mal-estar" passou a ser fundamental na compreensão da cultura e da civilização. Como resultado, a palavra *"zivilisation"* (civilização) passou a ser usada como equivalente da definição psicanalítica de cultura. Isso é evidenciado na tradução das "Obras completas", em que o termo *"kultur"* foi traduzido como "civilização" em "O mal-estar na civilização", de 1929 (Fucks, 2003).

Os esforços de Freud de identificar, em suas obras, manifestações do inconsciente em feições culturais e sintomas, com destaque ao impacto subversivo de seu legado em um mundo que tende à homogeneização e à supressão das diferenças, determinou a concepção de que o analista desempenha um papel importante na cultura, abraçando seu lugar crítico e oferecendo uma perspectiva psicanalítica diante uma sociedade marcada por valores autodevoradores.

REFERÊNCIAS

AMARANTE, P.; NUNES, M. O. *A reforma psiquiátrica no SUS e a luta por uma sociedade sem manicômios*. Ciência & Saúde Coletiva, Rio de Janeiro, v. 23, n. 6, p. 2067-2074, 2018. Disponível em: https://doi.org/10.1590/1413-81232018236.07082018. Acesso em: 20 out. 2023.

BRACONNIER, A. et al. *Manual de psicopatologia*. Lisboa: Climepsi, 2007.

BRASIL. Lei nº 10.216, de 6 de abril de 2001. Dispõe sobre a proteção e os direitos das pessoas portadoras de transtornos mentais e redireciona o modelo assistencial em saúde mental. *Diário Oficial da União*, Brasília, DF, 2001.

BURSZTYN, D. C.; FIGUEIREDO, A. C. *O tratamento do sintoma e a construção do caso na prática coletiva em saúde mental*. Tempo psicanal. Rio de Janeiro, v. 44, n. 1, p. 131-145, jun. 2012. Disponível em: http://pepsic.bvsalud.org/scielo.php?script=sci_arttext&pid=S0101-48382012000100008&lng=pt&nrm=iso. Acesso em: 22 set. 2023.

CECCARELLI, P. *O sofrimento psíquico na perspectiva da psicopatologia fundamental*. Psicologia em estudo, Maringá, v. 10, n. 3, p. 471-477, set./dez. 2005.

CHAVES, M. E. *Estruturas clínicas em psicanálise*: um recorte. Reverso, Belo Horizonte, v. 40, n. 76, p. 55-62, 2018.

CORSO, M. *Reflexões sociais na análise da psicose*. Porto Alegre: Associação Psicanalítica de Porto Alegre, 1993.

COSTA, G. P. *Psicopatologia psicanalítica contemporânea: clínica do desvalimento*. Rev. Bras. Psicanálise, São Paulo, v. 42, n. 2, p. 89-102, jun. 2008.

COUTINHO, A. H. A. *et al. Perversão*: uma clínica possível. Reverso, Belo Horizonte, v. 26, n. 51, p. 19-27, dez. 2004.

DALGALARRONDO, P. *Psicopatologia e semiologia dos transtornos mentais*. 3. ed. Porto Alegre: Artes Médicas, 2019.

DUNKER, C. I. L.; NETO, F. K. *Psicanálise e saúde mental*. 2. ed. Porto Alegre: Criação Humana, 2022.

EBING, K. *Psychopathia sexualis*: as histórias de caso. São Paulo: Martins Fontes, 2000.

FREUD, S. Alguns tipos de caráter encontrados no trabalho psicanalítico. *In*: FREUD, S. *Obras completas de S. Freud (volume XIV)*. Rio de Janeiro: Imago, 2006a.

FREUD, S. Introdução à Psicanálise e às neuroses de guerra. *In*: FREUD, S. *Obras completas de S. Freud (volume XVII)*. Rio de Janeiro: Imago, 2006b.

FREUD, S. Moisés e o monoteísmo. *In:* FREUD, S. *Moisés e o monoteísmo, esboço de psicanálise e outros textos*. Obras psicológicas completas de Sigmund Freud. Edição Standard Brasileira. Rio de Janeiro: Imago, 1990, vol. 23.

FREUD, S. Neurose e psicose (1924 [1923]). *In*: FREUD, S. *Obras completas de S. Freud (volume XIX)*. Rio de Janeiro: Imago, 2006c.

FREUD, S. O mal-estar na civilização. *In*: FREUD, S. *O mal-estar na civilização, novas conferências introdutórias e outros textos (1930-1936)*. Obras completas. Tradução de Paulo César de Souza. São Paulo: Companhia das Letras, 2010. v. 18.

FREUD, S. Psicologia das massas e análise do eu. *In*: FREUD, S. *Psicologia das massas e análise do eu e outros textos (1920-1923)*. Obras completas. Tradução de Paulo César de Souza. São Paulo: Companhia das Letras, 2011. v. 15.

FREUD, S. Totem e tabu (1912-1913). *In*: FREUD, S. *Totem e tabu, contribuição à história do movimento psicanalítico e outros textos (1912-1914)*. Obras completas. Tradução de Paulo César de Souza. São Paulo: Companhia das Letras, 2012. v. 11.

FREUD, S. Uma breve descrição da psicanálise (1924 [1923]). *In*: FREUD. S. *Obras completas de S. Freud (volume XIX)*. Rio de Janeiro: Imago, 2006d.

FUCKS, B. B. *Freud e a cultura*. Rio de Janeiro: Jorge Zahar, 2003.

GABBARD, G. O. *Psiquiatria psicodinâmica na prática clínica*. Porto Alegre: Artes Médicas, 2016.

GARCIA, C. Rede de redes. *In*: *Psicanálise, psicologia, psiquiatria e saúde mental*: interfaces. Belo Horizonte: Ophicina de Arte e Prosa, 2002.

GOLDENBERG, R. *Política e psicanálise*. Rio de Janeiro: Jorge Zahar, 2006.

HEIMANN, P. Certas funções da introjeção e da projeção no início da infância. *In*: KLEIN, M. et al. *Os progressos da psicanálise*. 2. ed. Rio de Janeiro: Guanabara Koogan, 1982.

KATZ, C. S. O caso Schreber: algumas questões acerca da teoria das psicoses na obra de Freud. *In:* KATZ, C. S. (org.). *Psicose*: uma leitura psicanalítica. 2. ed. São Paulo: Escuta, 1991.

KLEIN, M. Notas sobre alguns mecanismos esquizoides. *In*: KLEIN, M. *Inveja, gratidão e outros trabalhos*. Rio de Janeiro: Imago, 2006a.

KLEIN, M. Sobre a teoria da ansiedade e da culpa. *In*: KLEIN, M. *Inveja, gratidão e outros trabalhos*. Rio de Janeiro: Imago, 2006b.

KLEIN, M. Sobre o desenvolvimento do funcionamento mental. *In*: KLEIN, M. *Inveja, gratidão e outros trabalhos*. Rio de Janeiro: Imago, 2006c.

LAPLANCHE, J.; PONTALIS, J. B. *Vocabulário da psicanálise*. 3. ed. São Paulo: Martins Fontes, 1998.

LECLAIRE, S. As palavras do psicótico. *In*: KATZ, C. S. (org.). *Psicose*: uma leitura psicanalítica. 2. ed. São Paulo: Escuta, 1991.

MASSON, J. M. *A correspondência completa de Sigmund Freud para Wilhelm Fliess (1887-1904)*. Rio de Janeiro: Imago, 1986.

MAURANO, D. *A transferência*: uma viagem rumo ao continente negro. Rio de Janeiro: Jorge Zahar, 2006.

MÉNÉCHAL, J. *Introdução à psicopatologia*. 2. ed. Lisboa: Climepsi, 2002.

MIJOLLA, A.; MIJOLLA-MELLOR, S. *Psicanálise*. Lisboa: Climepsi, 2002.

PENDINIELLI, J-L.; BERTAGNE, P. *As neuroses*. Lisboa: Climepsi, 2005.

QUEIROZ, E. F. *A clínica da perversão*. São Paulo: Escuta, 2004.

SIMANKE, R. T. *A formação da teoria freudiana das psicoses*. São Paulo: Loyola, 2009.

WINNICOTT, D. W. Os objetivos do tratamento psicanalítico. *In*: WINNICOTT, D. W. *Processos de amadurecimento e ambiente facilitador*. São Paulo: Ubu, 2022.

ZIMERMAN, D. E. *Fundamentos psicanalíticos*. Porto Alegre: Artmed, 1999.

CAPÍTULO 4
PSICANÁLISE COM CRIANÇAS

Leliane Maria Ap. Gliosce Moreira
Cristina Helena Giovanni Meneghello
Carolina Castelli de Paula

4.1 Melanie Klein e a técnica do brincar

Melanie Klein, psicanalista austríaca, nasceu em uma família judia e se tornou uma das principais figuras femininas no campo da psicanálise com crianças. Tinha o projeto de cursar uma universidade, contudo abandonou os cursos de medicina, arte e história. Em 1914, começou a sua análise com Sándor Ferenczi, que a incentivou a iniciar o atendimento de crianças, sendo seu primeiro paciente o próprio filho, de 5 anos de idade, de codinome Fritz. Em 1918, aconteceu em Budapeste o V Congresso Internacional de Psicanálise, evento no qual ela teve o primeiro contato com o trabalho do austríaco Sigmund Freud, considerado o pai da psicanálise. A partir de 1923, Klein passou a se dedicar integralmente à psicanálise, especialmente atendendo crianças.

"A psicanálise de crianças não difere em seu espírito (em sua escuta) da psicanálise de adultos" (p. 29). É com essa assertiva que Maud Mannoni trata a psicanálise de crianças em seu livro "A criança, sua 'doença' e os outros" (1980)". A autora retoma a convicção de Freud, quando se ocupava, em 1909, da cura de uma criança de 5 anos, atingida por neurose de fobia – o nosso já conhecido pequeno Hans. Partindo disso, ela traça o caminho desde esse momento até as ideias desenvolvidas por Melanie Klein, Lacan, Laing, entre outros, além das suas próprias.

Obviamente não é nossa intenção discutir profundamente as ideias apresentadas por Mannoni, mas nos demorar um pouco mais na afirmação inicial.

A psicanálise de crianças é a psicanálise? Ora, se o campo em que o analista opera é o da linguagem e se o interesse é pelo infantil, mais precisamente pelo sexual infantil, então todos nós concordaremos que estamos falando de psicanálise. No entanto, por que tendemos a fazer uma distinção entre psicanálise e o acompanhamento de crianças? Parece-me que, ao falarmos em psicanálise com crianças, buscamos salientar que existe, no caso da infância, "uma sobreposição na formação da subjetividade entre a dinâmica psíquica da criança e a de seus progenitores" (Rosenberg, 1994, p. 27). Nesse sentido, "a criança cria, ao mesmo tempo, a história de sua neurose e a constituição de sua subjetividade" (Rosenberg, 1994, p. 29). Isso nos remete principalmente ao problema do lugar que os pais ocupam no tratamento psicanalítico com crianças.

No presente capítulo, entendemos ser pertinente apresentar o trabalho psicanalítico com crianças criado por Melaine Klein por meio da técnica do brincar em análise.

Melanie Klein desenvolveu um novo campo da psicanálise, no qual as crianças tiveram um lugar privilegiado em seus estudos, não deixando de lado o rigor analítico empenhado na análise clássica com adultos. Tratando de crianças a partir de 2 anos, a técnica lúdica por meio do brincar na sessão foi considerada uma ferramenta para realizar a análise infantil.

Freud definia as três fases do desenvolvimento psíquico (fase oral, fase anal e fase fálica) como cronologicamente marcadas e, por isso, estanques. Klein, de modo diferente, acreditava na ideia de que existem posições, e não fases. Tais posições são denominadas como esquizoparanóide e depressiva, duas formas básicas de organização das ansiedades, defesas e modos de estabelecer relações com os objetos, alternando-se desde o primeiro ano de vida. Para Klein, essas posições não terminam, pois o desenvolvimento psíquico é contínuo.

A psicanalista acreditava que as experiências emocionais não podem ser pensadas como constituídas somente a partir da relação com os objetos reais, pois, devido ao papel desempenhado na vida psíquica pela projeção e pela introjeção, o objeto internalizado não é uma cópia do externo, mas sim uma constituição a partir de uma sucessão de projeções e introjeções. Para Klein, todos os obstáculos emocionais são analisados a partir dessas duas posições, sendo que somente o equilíbrio entre essas duas pode balancear o psiquismo; sendo assim, cada vivência emocional adquire um significado de acordo com as características destes objetos internos.

A noção de posição rompe com a ideia de tempo e busca privilegiar duas grandes possibilidades: a de experienciar a si mesmo e ao mundo. As posições oferecem atitudes mentais diferentes, a partir das quais as experiências podem ser vividas.

Na sequência, descreveremos os aspectos considerados relevantes sobre a posição esquizoparanóide relacionados às experiências vividas pelo bebê no primeiro trimestre de vida. O bebê kleiniano nasce com um ego rudimentar; dessa forma, contempla um conjunto de emoções que permite experimentar ansiedades, utilizar mecanismos de defesa e estabelecer relações primitivas de objeto, tanto na realidade quanto na fantasia. Ao pensarmos no modo como o adulto percebe essas sensações, podemos fazer uma analogia ao pesadelo e as regressões psicóticas. "Trata-se de um mundo no qual nossa discriminação entre realidade e fantasia, interno e externo, verdade e ilusão, deve ser deixada de lado para podermos compreendê-lo" (Souza, 2016, p. 41).

Para o bebê se organizar e se sentir seguro frente às ameaças advindas da fragilidade de seu ego, ele faz uso de alguns mecanismos de defesa: cisão (*splitting*), introjeção, projeção e identificação projetiva.

Klein acredita que as primeiras experiências vividas pelo bebê desde o começo da vida são marcadas por registros de frustração e gratificação, resultando assim em uma relação objetal parcial, o que revela em sua teoria uma aproximação dessa experiência, relacionando-a ao seio materno – no sentido de objeto, e não de seio real. Se a criança se sente satisfeita, ela entende que a mãe a gratificou; desse modo, projeta os seus impulsos de amor. Por outro lado, quando se sente frustrada, projeta os seus impulsos destrutivos.

As experiências vividas e sentidas como más fazem com que, em fantasia, exista predisposição de expulsar (projetar) e localizá-las fora de si. Já quando são vividas e sentidas como boas, há uma tendência de incorporá-la (introjetar). Na teoria kleiniana, pode-se compreender que, quando o seio é bom e o gratifica, o bebê projeta os seus impulsos de amor, e, quando o seio é frustrador (mau), o bebê projeta os seus impulsos destrutivos.

Contudo, em torno do segundo trimestre, com a introjeção do objeto completo, podem ocorrer mudanças significativas no que diz respeito à integração, ou seja, os aspectos amados e odiados da mãe não são mais sentidos como tão separados, e há o medo da perda, um forte sentimento de culpa, porque os impulsos agressivos são sentidos como dirigidos contra o objeto amado.

Klein denominou assim a posição depressiva:

> A posição depressiva foi definida como a fase do desenvolvimento na qual o bebê reconhece um objeto total e se relaciona com esse objeto. Esse é um momento crucial no desenvolvimento do bebê e é

> claramente reconhecido por leigos. Todos que rodeiam o bebê percebem uma mudança e reconhecem-na como um enorme passo em seu desenvolvimento – observam e comentam o fato de que o bebê agora reconhece sua mãe. [...] ou seja, o bebê se relaciona cada vez mais não apenas com o seio, mãos, face, olhos da mãe, como objetos separados, mas com ela própria como uma pessoa total, que às vezes pode ser boa, às vezes má, presente ou ausente, e que pode ser tanto amada como odiada (Segal, 1975, p. 81).

Quando o bebê pode reconhecer a mãe como objeto total, é mais fácil para ele lembrar-se das gratificações anteriores, mesmo nas situações em que ela parecia estar privando-o. De maneira semelhante, caminha os processos de integração: o bebê se dá conta cada vez mais claramente de que é a mesma pessoa (ele próprio)– que ama e odeia a mesma pessoa (sua mãe).

Com essa mudança na forma de reconhecer o objeto, há uma transformação importante no ego, pois, assim como a mãe se torna um objeto total, o ego do bebê se torna um ego total, sendo cada vez menos dividido (*split*) em seus aspectos bons e maus, visto que a integração do ego e do objeto ocorre simultaneamente.

Outra característica que merece destaque na posição depressiva é a possibilidade de elaborar a culpa e de desenvolver a capacidade de reparação, permitindo que a culpa seja vivida.

Ao discorrer sobre a importância das primeiras fases do desenvolvimento infantil mais primitivo, Klein – diferentemente de Freud – passou, por meio de uma nova forma de trabalho, a tratar as crianças na análise infantil a partir dos dois 2 anos, ou seja, nas fases anteriores ao complexo de Édipo. A nova ferramenta instituída por ela foi a técnica do brincar, que consistia em considerar o brincar da criança durante a sessão como equivalente à associação livre do adulto. Klein entendia que a diferença entre a análise de adulto e a análise com a criança estava ligada à técnica, e não aos princípios éticos e teóricos da psicanálise.

> A técnica do brincar foi, de certo modo, sugerida pelas crianças analisadas, que se ocupavam espontaneamente com seus brinquedos. No ano de 1923, Klein recebe crianças em sua própria casa a fim de evitar a interferência da família no tratamento; decide então fornecer-lhes brinquedos, transformando, assim, um fenômeno espontâneo em uma técnica planejada (Rahmi, 2007, p. 238).

Ao analisar os pequenos pacientes, Klein desenvolveu um entendimento muito profundo do desenvolvimento emocional do self infantil. A autora observou que o brincar da criança poderia representar no campo simbólico suas ansiedades e fantasias e, visto que não se pode exigir de uma criança pequena que faça associações livres, tratou o brincar como equivalente às expressões verbais, isto é, como expressão simbólica de seus conflitos inconscientes. Desse modo, Klein utilizava a interpretação como instrumento de comunicação com a finalidade de revelar as fantasias inconscientes da criança que promoviam as angústias, inibições e sintomas.

No trabalho analítico com os adultos, uma das formas de ter acesso ao inconsciente é pela análise dos sonhos; já com as crianças, é por meio do brincar que se desvenda o material oculto (inconsciente). O brincar da criança pode oferecer ao analista a possibilidade de conhecer os significados latentes e relacionar com situações experimentadas ou imaginadas pelas crianças, fornecendo-lhes a possibilidade de elaborar tais vivências, promovendo assim certo alívio psíquico.

Ao brincar, a criança constrói um faz de conta e narra seus conteúdos, além de fazer associações que têm grande significado para o analista. Nesse tipo de brincadeira, ela desempenha vários papeis (mamãe e filhinha; escolinha; super-heróis; médico; fazer uma viagem, por exemplo) e pode até convidar o analista para participar desses momentos que são vivenciados no *setting* analítico e que servem como material de grande valor para ser analisado.

A fim de facilitar a comunicação das crianças, são também utilizados diversos brinquedos considerados mais simples, tais como: materiais ilustrativos e plásticos, lápis de cor, giz, tinta, massinha e argila – em suma, instrumentos que despertam o interesse e a curiosidade da criança. Klein recomendava que os brinquedos fossem de tamanho pequeno, "não mecânicos", tão simples como o do próprio quarto da criança. Ao observar o brincar da criança, dava atenção especial à agressividade, com ênfase nos objetos danificados e oferecia a possibilidade de reparação.

Klein afirmava que uma das principais funções dos jogos infantis é proporcionar uma via de descarga para as fantasias da criança, que, ao brincar, simboliza, tornando possível deslocar as situações de angústia para o mundo externo, promovendo, assim, a possibilidade de elaboração. Entretanto essa psicanalista pioneira no trabalho com crianças postula que o analista não deve se ater unicamente ao simbolismo.

> Em sua técnica, está implícita a grande importância da capacidade de simbolização da criança, pensada como processo que permitiria transferir suas ansiedades e culpas para os brinquedos como representantes externos de seu mundo interno, o que daria ao jogo o caráter de facilitador da possibilidade de trabalho psíquico (Souza, 2016, p. 130).

De acordo com os ensinamentos de Melanie Klein, além do aspecto simbólico, deve-se prestar atenção aos detalhes do brincar, ou seja, como a criança brinca, aos papéis que desempenha, e o que ela atribui ao analista, às interrupções ou mudanças de atividades, aos motivos pelos quais o faz e aos meios que escolhe para sua representação. Portanto, no *setting* analítico, o jogo faz parte da comunicação entre analista e analisando. Klein verifica que, se interpretasse com frequência as brincadeiras das crianças, as angústias podiam ser elaboradas, e os sintomas abrandavam.

Souza (2016, p. 130) ressalta que, para Klein, o jogo:

- É um meio de representação indireta de fantasias, desejos e experiências.

- Enseja o mecanismo de defesa da cisão ou dissociação e da projeção, permitindo que sejam "separadas" as figuras parentais internas contraditórias e também que sejam expulsas para o mundo exterior, aliviando a cruel pressão superegóica.

- Dá alívio e prazer ao permitir a descarga dos afetos vinculados às fantasias.

- Obedece à compulsão à repetição.

- Promove a sublimação por meio da simbolização.

Portanto, segundo a teoria e a técnica kleinianas, para que a análise infantil atinja o objetivo de diminuir a angústia e restaurar a energia psíquica que causa sofrimento, espera-se que a criança possa, por meio do brincar, restabelecer o percurso do desenvolvimento emocional.

4.2 As contribuições de Winnicott à psicanálise

Donald Woods Winnicott, pediatra, psiquiatra e psicanalista, é um dos principais expoentes do trabalho psicanalítico infantil. Ele inaugurou uma nova concepção no que se refere à clínica psicanalítica com crianças. Diante da escuta e observação de variados quadros clínicos de neurose, psicose, distúrbios psicossomáticos e antissociais, o autor observou em seus pacientes dificuldades emocionais, as quais, em sua compreensão, tiveram início nos primeiros dias de vida e não poderiam ser esclarecidas a partir da teoria freudiana, baseada no complexo de Édipo. Segundo Winnicott, "algo estava errado em algum lugar" (Winnicott, 1983, p. 157).

O trabalho em pediatria desenvolvido por Winnicott no Paddington Green Children's Hospital, o qual realizou durante quarenta anos, e a sua compreensão, desde muito cedo, de que a saúde não se resume ao funcionamento adequado dos órgãos e das funções e de que separar o físico do psíquico é um procedimento intelectualmente possível, mas altamente artificial, levou-o a perceber que muitos dos problemas que definiam o pedido de a consulta pelas mães com seus bebês e crianças em consultório eram devidos a perturbações emocionais precoces. Mais do que isso, ele observou que crianças e bebês fisicamente saudáveis poderiam estar emocionalmente doentes e que isso acontecia desde as primeiras semanas de vida. Essa precocidade dos transtornos e distúrbios infantis determinados por fatores psíquicos o impactou e o levou a se aproximar da psicanálise como um campo possível para a sua investigação. Desde então, para Winnicott – e isso é fundamental para se conhecer o paradigma de sua teoria psicanalítica –, a saúde é um estado complexo, que tem suas próprias exigências e deve ser pensado em si mesmo.

Esse processo de se pôr a conhecer os fatores psíquicos que definiam o adoecimento infantil levou Winnicott a postular uma teoria do amadurecimento emocional e relacional do ser humano consigo mesmo e com o mundo, instituindo a ideia de que deve ser levada em conta pelo analista a história do relacionamento individual da criança com o ambiente em que ela está inserida.

Para o autor, no início do desenvolvimento do bebê, o ambiente é representado pela mãe (hoje podemos considerar que o importante é a presença de um cuidador afetiva e efetivamente implicado com o bebê). No começo da vida, o bebê só existe graças aos cuidados maternos; sendo assim, os dois são considerados uma unidade. Winnicott, em seus princípios básicos, acredita que a mãe e o bebê não podem ser conceitualmente separados, denominando-os "par cuidador" (Grolnick, 1993, p. 48). Dessa maneira, "para o bebê, a primeira unidade que surge inclui a mãe. Se tudo corre bem, ele chega a perceber a mãe e todos os outros objetos e os vê como não-eu, de tal modo que, a partir desse momento há o eu e não-eu" (Winnicott, 1999, p. 49).

A unidade winnicottiana mãe-criança é dinâmica, viva, interativa, e ela se constitui para realizar muito mais do que apenas satisfazer as necessidades biológicas de ambas as partes. Essa unidade é um criador potencial para que a criança desenvolva uma base fundamental sólida sobre a qual construirá uma personalidade vibrante, capaz de sentir prazer, amar e brincar, dentre outras atividades humanas.

Para que o amadurecimento do infante aconteça, algumas condições são necessárias. Uma delas está associada a um estado especial da mente, que a mulher desenvolve ao longo da gestação, principalmente nos últimos meses (ou do processo de adoção, isto é, a partir do momento em que um ser humano deseja a parentalidade), chamada por Winnicott de "preocupação materna primária" (1956). É nesse momento que a mãe consegue decifrar as necessidades do bebê, satisfazendo-as de forma eficiente e oferecendo a ele a oportunidade de desenvolver sua onipotência e fantasia de estar criando a própria mãe. Ou seja, a mãe está identificada com o bebê e sabe exatamente do que ele precisa e o que sente. O autor postula que essa identificação é possível devido ao fato de a mãe um dia já ter sido um bebê e, por isso, ter lembranças e recordações de alguém que cuidou dela.

Winnicott adverte que algumas mães não conseguem desenvolver a capacidade de identificação e doação ou podem fazê-lo com um filho, e não com outro.

À medida em que é possível desenvolver a comunicação mãe e bebê, os cuidados maternos vão além da identificação e satisfação das necessidades fisiológicas do bebê. Cabe à mãe ou ao cuidador oferecer uma espécie de provisão ambiental total (ambiente de confiabilidade), que inclui o segurar físico e a elaboração de experiências inerentes à existência do bebê, aparentemente apenas fisiológicas, que fazem parte do desenvolvimento emocional da criança.

Esse relacionamento mãe e bebê é muito intenso e as qualidades maternas vão sendo reconhecidas durante todo o processo descrito para que a criança possa se desenvolver de forma saudável por meio do gesto de segurar o bebê, contê-lo, dar colo de maneira apropriada, transmitir segurança por meio do modo de ampará-lo e levar em conta a sensibilidade do lactente. Winnicott cunhou esses cuidados como *holding* (1990), que pode ser considerado como uma forma de amar. Dessa maneira, à medida que a criança cresce, o conceito inicial do segurar fisicamente o corpo do bebê cresce também até englobar a função de todo o grupo familiar em sua designação de entorno da criança (Aragão, 2010).

Outra função materna descrita por Winnicott foi o *handling* (manuseio), que acontece no cuidado com o bebê. A mãe toca, pega no colo, massageia o corpo do filho, promovendo a personalização e proporcionando que a psique se aloje no corpo. Assim, o corpo materno é a principal fonte de provisão das informações ambientais e funciona como um organizador do mundo interno do bebê pela sua presença física e pelo seu comportamento interativo. Constrói, assim, uma comunicação entre mãe e filho, e o bebê tende a alcançar o processo de maturação.

Portanto, para que o desenvolvimento psíquico ocorra de forma saudável, é importante que haja disponibilidade da mãe-ambiente como elemento facilitador do suprimento das necessidades maturacionais de seu bebê. Se a mãe-ambiente não for suficientemente boa, ou o bebê não estiver predisposto ao amadurecimento ou sofrer um impedimento biológico, seu desenvolvimento psíquico não ocorrerá de maneira saudável.

Winnicott aponta que as bases das relações objetais (formas como a mãe e o bebê estabelecem as primeiras relações) são construídas na primeira infância e associadas à maneira como a mãe apresenta ao bebê o seio, mamadeira ou qualquer outro objeto. A mãe suficientemente boa oferece ao bebê um estado propício à alucinação, que se dá por meio da sensibilidade refinada e traduzida nos cuidados. A mãe apresenta o objeto ao filho e o faz de tal forma que oferece à criança a experiência de criar o que já estava ali, mas o que o bebê cria é parte da mãe que foi encontrada. Esse conceito diz respeito a um paradoxo fundamental da teoria winnicottiana: a inserção do bebê no mundo só é possível porque a mãe se encontra naquele estado especial que lhe dá condições de estar presente no momento e no lugar certos (Aragão, 2010). A repetição consistente das situações descritas acima faz com que o bebê acredite que criou o seio, e essa capacidade significa que a mãe lhe possibilitou uma ilusão. Essa experiência propicia à criança a vivência da onipotência, e a mãe colabora com o filho para que ele tenha a sensação de ilusão de que o mundo é criado a partir da sua necessidade e imaginação (Winnicott, 1982).

Contudo, há de se desiludir dessa ilusão, e a desilusão é mais uma tarefa da mãe. Winnicott associa a ilusão ao seio e a desilusão ao desmame. Para ele, seio e desmame não se referem ao ato da amamentação, mas ao processo subjacente por meio do qual se dá a oportunidade para "ilusão" e "desilusão". A desilusão depende da capacidade da mãe de apresentar o fragmento da realidade no momento mais ou menos exato. E ela é capaz de fazê-lo porque, temporariamente, encontra-se identificada em grau extremo com sua criança. Em suma, esse processo só é possível se houver uma "mãe suficientemente boa", aquela que efetua uma adaptação ativa às necessidades do bebê, uma adaptação que diminui gradativamente segundo a crescente capacidade deste em aguentar o fracasso da adaptação e em tolerar os resultados das frustrações; na verdade, o êxito no cuidado infantil depende da devoção, e não do jeito ou esclarecimento intelectual (Winnicott, 1971, p. 25).

Somente na presença dessa "mãe suficientemente boa" é que a criança pode iniciar um processo de desenvolvimento pessoal e real. Se a maternagem não for boa o suficiente, a criança se torna um acúmulo de reações à violação; seu *self* verdadeiro não consegue se formar ou permanece oculto por trás de um falso *self*, que, a um só tempo, quer evitar e compactuar com os desafios do mundo. O estágio de eu-sou somente se instala realmente no *self* do bebê à medida que a atitude da figura materna é suficientemente boa no que se refere à adaptação e à desadaptação.

A criança que tem uma "mãe boa o suficiente" tem seu ego simultaneamente fraco e forte. É por isso que tudo depende da capacidade da mãe de dar apoio ao ego da criança, ou seja, por ela estar identificada com as necessidades infantis do bebê, e, ao reconhecer as próprias, poderá colocar o seu ego em harmonia com o do filho. Nesse sentido, ela só é capaz de dar apoio à criança se for capaz de se orientar para a criança.

Ao perceber em suas atenções o ser humano que existe no filho, a mãe possibilita à criança, gradualmente, se estruturar em si mesma. Esse processo, se favorável, propicia que a individualidade da criança se firme com o decorrer do tempo.

Em todo esse processo de amadurecimento, deve-se levar em conta o momento em que a falha ambiental acontece, pois podem ocorrer consequências para a saúde psíquica da criança que percorre o caminho partindo da dependência absoluta rumo à independência (Winnicott, 1983).

Winnicott divide e define o desenvolvimento humano em três estágios: dependência absoluta, dependência relativa e independência.

Quando no útero, o bebê se encontra no estágio da dependência absoluta, pois é dependente da provisão física da mãe. Esse estágio se segue com o nascimento, uma vez que o ser humano necessita do cuidado do outro para sua sobrevivência, seu desenvolvimento e para a própria construção do ser. A mãe é o ambiente da criança, e podemos dizer que a mãe suficientemente boa, que também teve um desenvolvimento adequado, está totalmente disponível para o bebê nesse período em que ele não se percebe dependente dela.

O seguinte estágio do desenvolvimento humano é denominado dependência relativa: o bebê percebe os cuidados maternos e se reconhece como um eu separado de um não eu. Isso só é possível se o infante é bem cuidado. No entanto, havendo o fracasso do ambiente, o bebê pode sofrer consequências dessa falha.

No caminho rumo à independência, a criança pode vivenciar situações nas quais vai precisar retornar à dependência, o que deverá lhe ser possível. Caso haja fracasso nesse estágio, a criança poderá desenvolver uma dependência patológica.

Parece-nos, então, possível aproximar a teoria winnicottiana sobre a função parental e seu papel na inserção da criança no mundo com o momento da inserção da criança no atendimento psicanalítico infantil.

No processo analítico, todas as crianças, em certos momentos e de um ou outro modo, são bebês que necessitam de assistência materna e paterna. Nesse momento, em maior ou menor grau, caso haja um fracasso, o *setting* analítico tem a oportunidade de suplementar e auxiliar a criança. Por essas razões, o analista precisa conhecer os cuidados maternos e ter a oportunidade de conhecer mãe e filho por meio de conversas com a mãe e de sua observação acerca da conduta desta, incluindo essa mãe-ambiente no processo de construção do sofrimento da criança.

Aqui será preciso uma digressão que nos parece fundamental: a teoria psicanalítica de Winnicott considera os conflitos inconscientes determinantes do adoecimento e nele inclui o fator ambiental na etiologia do problema, e nisso se contrapõe à posição característica da psicanálise tradicional da época de enfatizar os fatores internos e negligenciar os aspectos ambientais.

Tendo isso como base, o atendimento psicanalítico winnicottiano tem uma função importante no desenvolvimento emocional da criança porque fornece, durante um período, uma ambiente-atmosfera emocional diferente daquele do lar.

Esses momentos propiciam à criança uma pausa à exigência de ser para o outro para poder ser si mesmo, resgatando o seu processo de amadurecimento emocional pela constituição de um lugar-cuidado oferecido pelo analista.

É importante ressaltar que o espaço analítico representa um apoio, e não uma alternativa substitutiva do lar da criança. Ele pode, sim, fornecer a oportunidade de uma profunda relação pessoal com outra pessoa que não os pais. E essa oportunidade é facilitada pelo analista numa estrutura em que as experiências podem ser vivenciadas e realizadas.

Simultaneamente ao avanço no processo de maturação, há aspectos nos quais ainda existe imaturidade. A capacidade de percepção exata ainda não está totalmente desenvolvida, e, por isso, devemos esperar da criança uma concepção mais subjetiva do que objetiva do mundo. Quando a angústia ameaça, o infante retorna facilmente à posição infantil de dependência absoluta. Em virtude desse retorno, o analista precisa estar apto para desempenhar a função de mãe que deu confiança à criança nos primeiros tempos, principalmente, baseado no princípio de que o *setting* analítico prolonga em certas direções a função do bom lar, e que o analista herda naturalmente alguns dos atributos e deveres da mãe sem procurar descobrir, porém, as próprias necessidades de desenvolver vínculos emocionais maternos. O analista deve fortalecer e enriquecer as relações pessoais da criança com a própria família, apresentando um mundo mais vasto de pessoas e oportunidades.

Assim, desde o início do processo analítico, as relações sinceras entre o analista e a mãe servirão para suscitar um sentimento de confiança na mãe e de tranquilidade na criança. O estabelecimento de tal relação auxiliará o analista a compreender melhor as circunstâncias familiares. Dessa maneira, o ingresso na análise não será uma experiência social exterior à família. O analista tem a oportunidade de dar assistência à mãe na sua descoberta das próprias potencialidades maternais e, ao mesmo tempo, de assistir a criança.

O analista, então, auxilia a criança a criar situações para que ela desenvolva outras experiências sobre o ser-si-mesmo no mundo por meio do brincar, que é entendida por Winnicott como a atividade criativa essencial para o processo de amadurecimento psíquico.

O processo analítico exige ainda que o analista esteja pronto para suportar e exercer a continência sobre os impulsos e desejos instintivos comuns a todas as crianças e que, algumas vezes, são inaceitáveis em sua família. Isso fornece simultaneamente os instrumentos e oportunidades para o pleno desenvolvimento criativo e emocional da criança, assim como os meios de expressão para a sua fantasia.

Posto isso, o *setting* analítico da clínica winnicottiana é capaz de oferecer um estado de regressão à criança, que, ao se aproximar desse estado (caracterizado pela dependência), poderá entrar em contato com as falhas ambientais sofridas ao longo do seu desenvolvimento emocional, e o analista deve ter a habilidade de fornecer-lhe suporte, desempenhando uma relação de sustentação que, de acordo com os ensinamentos de Winnicott, também pode ser denominado de *holding*. Por meio do *holding*, o analista busca oferecer um ambiente confiável que pode promover o resgate do rumo à independência pelo fortalecimento do ego da criança.

Sendo assim, acredita-se ser imprescindível destacar o lugar que os cuidadores ocupam no trabalho analítico com crianças e a parceria do analista com a família, colocando em prática a aplicação de uma psicanálise compartilhada. Tal parceria busca ressignificar as falhas que ocorreram durante o desenvolvimento emocional do infante e favorecer a continuidade do ser no viver de modo criativo. Portanto o que determina o trabalho do analista winnicottiano é a maneira como deve ser conduzido o tratamento, considerando a necessidade do paciente, que pode divergir de acordo com a natureza do distúrbio que apresenta.

4.3 Consultas Terapêuticas de D. W. Winnicott como uma prática clínica

A prática clínica nos mostra que a psicanálise winnicottiana aprecia a relação terapêutica como um espaço transformador. Busca-se criar um espaço acolhedor e ao mesmo tempo seguro, no qual o indivíduo possa expressar livremente suas fantasias, emoções e conflitos.

Winnicott, um importante psicanalista inglês, destacou que, em seu trabalho, inicialmente se adaptava às expectativas do indivíduo, considerando isso uma prática humana e sensível. Contudo, simultaneamente, ele recorria de maneira sistemática a estratégias que visavam aprimorar sua abordagem analítica, alinhando-a às necessidades maturacionais do paciente. Essa evolução era orientada por objetivos clínicos específicos, os quais eram alcançados através da aplicação do manejo em consonância com o *setting* – entendido como a postura do analista que reproduz e sustenta o ambiente terapêutico adequado.

> Ao praticar psicanálise, estou me mantendo vivo, me mantendo bem, e me mantendo desperto. Meu objetivo é ser eu mesmo e me portar bem. Uma vez iniciada uma análise espero continuar com ela, sobre ver a ela e terminá-la. Gosto de fazer análise e sempre anseio por seu fim. A análise pela análise para mim não tem sentido. Faço análise porque é isso que o paciente precisa ter feito e concluído. Se o paciente não necessita de análise então faço alguma outra coisa (Winnicott, (1962) 1983, p. 212).

Considerando que a psicanálise é um método de investigação "do inconsciente, da vida profunda e oculta de cada indivíduo humano que tem raízes na vida real e imaginária da infância mais precoce" (Winnicott, 2011, p. 16) e que é também um método de tratamento dos "sucessos e fracassos" do ser humano ao enfrentar os conflitos inerentes ao seu percurso de desenvolvimento emocional, isso aponta que, além de ela ser uma terapêutica, também é um método de produção de conhecimento. Segundo Safra (2001), apesar de a psicanálise, desde sua origem, ter estado bastante subordinada ao projeto científico, há outra perspectiva importante para se pensar a investigação em psicanálise que foi indicada por Freud em seu texto "Análise terminável e interminável": o método psicanalítico é um procedimento processual em consonância com as peculiaridades da subjetividade humana. Isso aponta "um princípio fundamental da investigação em psicanálise: ela é um processo investigativo não conclusivo" (Safra, 2001). Esse aspecto pode ser encontrado também nos trabalhos de Winnicott, e, por isso, sua clínica tem princípios distintos daqueles que conduzem a clínica psicanalítica tradicional.

> *"A human being is a time-sample of human nature".* É com esta frase que Winnicott inicia o primeiro capítulo de seu livro Human Nature (1988). Temos aqui um olhar que aborda o ser humano a partir da dimensão temporal. A singularização do homem é um fenômeno de temporalização. É no tempo e com o tempo que se dá o acontecer do homem. Enquanto nas teorias psicanalíticas anteriores a análise privilegiava o conteúdo de um psiquismo existente, na perspectiva winnicottiana o acontecer humano no tempo será o ponto de vista fundamental (Safra, 1999).

Compreendendo que o ambiente é imprescindível para que a tendência inata ao amadurecimento se realize em função da constituição do si mesmo e da identidade pessoal, Winnicott se propôs a desenvolver as consultas terapêuticas com o objetivo de compreender, ou, melhor dizendo, diagnosticar em qual momento do processo de amadurecimento teria havido algo que tenha impedido a sua continuidade, a fim de que pudesse haver um atendimento em psicanálise voltado a esse momento.

É preciso esclarecer que o conceito e a prática de diagnóstico em psicanálise são bem diferentes do que é realizado em psicologia, na medida em que a psicanálise não se propõe a uma avaliação diagnóstica, na qual há a premissa de que existe um desvio da normalidade que precisa ser tratado para que haja retorno ao esperado e definido como normal. Mais claramente: em psicologia, há a concepção de que a avaliação diagnóstica contribui para a prevenção da doença, entendida como desvio da normalidade do desenvolvimento natural humano. A função primordial da psicologia é fazer o trajeto de retorno para a normalidade, como se esta fosse a verdadeira natureza humana. Essa visão do sofrimento humano desconsidera que os processos saúde e doença estão constituídos em um particular contexto sociopolítico e cultural.

Em psicanálise, o diagnóstico implica, por princípio, em um diferencial em relação à psicologia, na medida em que o fundamento epistemológico que o sustenta é o de que o estado de adoecimento humano não é um desvio, mas sim um estado humanamente possível no qual o sujeito não está completamente submergido.

É nesse sentido que o diagnóstico realizado em psicanálise, mais especificamente nas consultas terapêuticas definidas por Winnicott, se propõe a um campo de investigação daquilo que se apresenta no conflito psíquico em uma relação dialógica, não em busca de homogeneidade, coesão e síntese – que implicariam ainda um tributo à ilusão alienante das categorias –, mas sim em busca da produção de sentidos que essas práticas discursivas revelam sobre o sofrimento humano.

As consultas terapêuticas são uma prática clínica em psicanálise intrinsecamente relacionada à conceituação do amadurecimento emocional assim como foi proposta por Winnicott. Pode-se dizer que as consultas terapêuticas são um encontro psicanalítico breve (de uma a três sessões) que se sustenta em uma comunicação significativa entre os integrantes desse encontro. A criança espera encontrar, na comunicação com o psicanalista, o favorecimento do "processo de ilusão por meio de sua postura de confiabilidade e previsibilidade profissional/pessoal e ambiental" (Lescovar, 2004, p. 47), o que permitirá o amparo suficiente em direção à superação de um sofrimento ou dificuldade e, por conseguinte, a retomada de seu processo de amadurecimento. Portanto a condição do psicanalista que realiza consultas terapêuticas repousa sobre a concepção de transferência de uma mãe suficientemente boa, que, por meio dos processos de apercepção e ilusão, passa a construir gradualmente a realidade compartilhada.

No entanto, segundo Winnicott, o que será comunicado não está dado *a priori*, o que nos leva a pensar que o importante nesse momento é a capacidade do psicanalista de estar disponível e empaticamente identificado com o que vier a ser comunicado pela criança, em um gesto espontâneo, para fazer valer a experiência total e respaldar as necessidades e as realizações do si mesmo. Portanto,

> o caráter primordial desses encontros é a adaptação ativa do analista às necessidades e expectativas do paciente, segundo sua compreensão do que se passava

com o paciente (por meio da teoria do amadurecimento pessoal) e, consequentemente, se necessária, a comunicação verbal desse entendimento no momento adequado (Lescovar, 2004, p. 47).

As consultas terapêuticas são uma nova modalidade de clínica em psicanálise, breve e flexível. Ela é uma prática clínica que não está determinada por procedimentos técnicos preestabelecidos e que não está sustentada em interpretações do conteúdo inconsciente do brincar, ou seja, cada encontro entre o psicanalista e a criança é um contato desta com a sua realidade, e "adquire uma configuração própria, resultado da conjunção das interações e características tanto do analista quanto de seus pacientes" (Lescovar, 2004, p. 45).

> Não existem instruções técnicas nítidas a serem dadas ao terapeuta, uma vez que ele deve ficar livre para adotar qualquer técnica que seja apropriada ao caso. O princípio básico é o fornecimento de um "setting" humano e, embora o terapeuta fique livre para ser ele próprio, que ele não distorça o curso dos acontecimentos por fazer ou não fazer coisas por causa de sua própria ansiedade ou culpa, ou sua própria necessidade de alcançar sucesso. O piquenique é do paciente, e até mesmo o tempo que faz é do paciente (Winnicott, 1994, p. 247).

A brevidade e a flexibilidade que regem a condução dessa prática clínica estão respaldadas fundamentalmente na comunicação humana e na concepção de que a existência humana admite diversos sentidos de realidade, o que, por sua vez, está sustentado na teoria winnicottiana do amadurecimento emocional.

> Dito de outra forma, a fundamentação das consultas terapêuticas encontra-se no próprio movimento de

busca de auxílio da criança e na constatação de que, durante as primeiras entrevistas, o paciente se encontrava particularmente ávido para informar o terapeuta sobre sua dificuldade (Lescovar, 2004, p. 46).

À medida que a criança sente confiança e esperança de que a comunicação de seu sofrimento foi compreendida, de que o analista reconheceu a problemática que anseia tratar, ela consegue comunicar a sua necessidade mais premente. Constitui-se, assim, uma espécie de interação denominada por Winnicott de brincar mútuo, que indica que, por um lado, o analista está ativamente disposto para atender as necessidades da criança, estando ali integralmente e oferecendo um "cuidar-curar", um suporte suficientemente bom para o restabelecimento do processo de amadurecimento emocional da criança, e esta, por outro lado, se move em direção à aliança terapêutica. Por terem conseguido estabelecer um encontro significativo, ambos podem brincar, e a criança pode experimentar novamente uma comunicação consigo mesma e com os outros, resgatando "uma integração de seus aspectos dissociados e/ou não vividos" (Lescovar, 2004, p. 47).

Segundo Winnicott, o que baliza o uso das consultas terapêuticas é uma pergunta fundamental para o trabalho clínico psicanalítico com crianças, principalmente aquele que é realizado em instituições: "Qual é o mínimo que se precisa fazer?" (Winnicott, 1994, p. 261). Isso aponta que o importante em uma relação analítica é a competência do analista de compreender e diagnosticar se há

> [...] capacidade/incapacidade da criança em ter esperança em um encontro humano que venha em seu auxílio, e em relação ao ambiente imediato da criança que poderá ou não fazer bom uso do progresso alcançado por ela por meio da integração favorecida pela consulta" (Lescovar, 2004, p. 47).

Segundo Winnicott, o psicanalista (ou qualquer outro profissional que tenha sido chamado a responder às necessidades estabelecidas pelo estado de angústia de uma criança) precisa apreender o momento do processo maturacional dela para que suas intervenções aconteçam sem uma intensificação dessa angústia, a fim de que se estabeleça "uma real cooperação dela para o trabalho que se está realizando" (Safra, 2005a, p. 27). Winnicott utiliza o termo "cuidar-curar" como uma extensão do segurar da mãe suficientemente boa, explicitando sua compreensão da posição a ser ocupada pelo psicanalista ao responder às necessidades dos pacientes em prol do incremento do crescimento individual.

> Sugiro que encontremos, no aspecto "cuidar-curar" de nosso trabalho profissional, um contexto para aplicar os princípios que aprendemos no início de nossas vidas, quando éramos pessoas imaturas e nos foi dado um "cuidar-curar" satisfatório e cura, por assim dizer, antecipada (o melhor tipo de medicina preventiva) por nossas mães "satisfatórias" e por nossos pais (Winnicott, 2011, p. 114).

Estendendo essa ideia ao objetivo das consultas terapêuticas com pais e filhos, pode-se pensar que as intervenções propiciam um "cuidar-curar" dos pais para que eles, ao se depararem com a angústia da criança, resgatem a confiança em sua capacidade de manter o segurar, principalmente nos "momentos de crise que possam emergir ao longo do seu desenvolvimento" (Safra, 2005a, p. 35).

> A inclusão dos pais nas consultas terapêuticas com seus filhos, iniciada por Moreira (2015), visa retomar a função dialógica e compreensiva dos pais. Eles são reintegrados como partícipes do sofrimento psíquico da criança, atuando como ambiente primordial no

processo de amadurecimento infantil. Pode-se dizer que essa modalidade de consultas terapêuticas com pais e filhos teve início quando se percebia que havia uma provisão ambiental familiar, que, no entanto, estava impedida de oferecer suporte às necessidades naquele momento do amadurecimento emocional da criança. A compreensão da autora estava sustentada na observação e avaliação, durante as primeiras entrevistas realizadas com os pais, da capacidade de eles serem um [...] "ambiente desejável médio" para encontrar e utilizar as mudanças que ocorrem no menino ou na menina durante a entrevista, mudanças que indicam uma anulação da dificuldade no processo de desenvolvimento (Winnicott, 1984, p. 13).

Desde a entrevista inicial com os pais, após a apresentação da proposta de trabalho, o foco é a compreensão do que está acontecendo com a criança e como os pais se sentem em relação ao sofrimento dela, além de saber entender como eles têm percebido e agido. Nessa ocasião, é comum que se busque uma reflexão junto aos pais relacionando aspectos da realidade vivida pela criança, que eles costumeiramente apresentam em seu relato, como a queixa deles que determinou o pedido de ajuda especializada. Isso implica valorizar o conhecimento dos pais sobre a criança e considerar que a queixa é a representação dos pais do sintoma da criança, o que, por si só, indica que há uma construção intersubjetiva, um marco do entrelaçamento entre eles. O sintoma da criança precisa ser compreendido como uma produção conjunta estabelecida em uma relação humana (os pais e a criança), uma vez que reconhecemos que ela se constitui a si mesma em uma relação com um ambiente que proporciona as mais diversas experiências significativas. Muitas vezes, isso permite um alívio das angústias apresentadas pelos pais e os leva a contar suas preocupações mais livremente.

> Para isso é útil, na primeira parte da entrevista, permitir aos pais exporem a problemática da criança, livremente, para que possam expressar suas angústias e preocupações a respeito. É preciso acompanhar as verbalizações dos pais de forma compreensiva, intervindo quando a ansiedade do tipo persecutório ou depressivo tornar-se muito intensa. Cabe ressaltar que esta intervenção não necessita ser uma interpretação da transferência com o psicanalista. O fundamental é manejar a ansiedade para que a relação de trabalho com o profissional não se altere (Safra, 2005a, p. 38).

Ao expressarem seus temores, expectativas e ideais em relação à criança, os pais também apresentam outro aspecto que os levou ao pedido de intervenção profissional: o mal-estar em relação a si mesmos por não se sentirem confiantes na própria capacidade de dar contenção à angústia da criança. É nesse momento que fica evidente a necessidade do acolhimento da angústia dos pais, o que, por sua vez, fortalece a colaboração deles no processo de atendimento psicológico dos seus filhos.

Portanto, acolher e dar suporte aos pais para o restabelecimento de suas condições para auxiliar o filho tem se mostrado um modo eficaz, algo que permitirá o engendramento do resgate do relacionamento sem a necessidade de encaminhamento para uma psicoterapia. É evidente que nem sempre isso é suficiente, e então as intervenções passam a ser dirigidas à conscientização e à sensibilização dos pais de que é preciso encaminhar a criança e eles mesmos para tratamento psicoterápico individual ou familiar.

Os critérios para definir a inclusão dos pais e seu(sua) filho(a) nessa modalidade de atendimento estão fundamentados na classificação psicopatológica proposta por Knobel (1977), conforme apresentada por Safra (2005a), sobre os fenômenos regressivos da infância, especialmente os "processos regressivos normais" e os "processos regressivos reativos". Utilizamos essa classificação porque ela permite um entendimento do surgimento do sintoma correlacionado às experiências da criança com o seu ambiente, ou seja, compreende que o sintoma da criança está relacionado a algum acontecimento ocorrido em um dado momento de sua vida.

> Parece que, nesses momentos, o impacto da situação de vida provoca uma crise em que a criança necessita buscar recursos para solucionar o conflito, muitas vezes recorrendo a formas mais regressivas de funcionamento (Safra, 2005a, p. 37).

Ainda segundo Safra (2005a, p. 36-37),

> [...] os processos regressivos normais aparecem ao longo do desenvolvimento e, apesar de serem considerados pelos pais como anormais, são na verdade fenômenos normais; e, os processos regressivos reativos surgem em uma criança que, embora venha se desenvolvendo normalmente, reage a acontecimentos externos que para ela são excessivos, obrigando os pais ou adultos responsáveis a atender suas necessidades.

O procedimento das consultas terapêuticas com pais e filhos é recomendável e benéfico para aquelas duplas que podem ser classificadas em uma dessas duas categorias (processos regressivos normais e processos regressivos reativos), na medida em que podem evitar que "modos patológicos de resolver o conflito se estruturem" (Safra, 2005a, p. 36).

Os pais e a criança são convidados a participar de uma consulta terapêutica conjunta. A proposta é apresentada como um momento em que eles poderão brincar juntos. Costumeiramente, a criança reage alegremente a essa proposta, enquanto os pais se mostram apreensivos. Novamente se faz necessário o acolhimento das ansiedades persecutórias dos pais, explicando-lhes que esse será um encontro para que eles se divirtam e para que possamos observar e compreender, em conjunto, o que pode ter mobilizado a angústia da criança nesse dado momento de sua vida. Os pais passam a entender, outra vez, que o psicanalista é um colaborador em prol do resgate da confiança deles na capacidade de serem pais suficientemente bons.

> Sem dúvida, os melhores casos para essa espécie de trabalho são aqueles em que já há confiança paterna em mim. Parece-me que esta é uma situação que pode ser esperada; o que equivale a dizer que em geral as pessoas tendem a acreditar no médico que escolheram, geralmente depois de muita discussão e após superar as dúvidas naturais. Se de fato as coisas vão bem ou se a criança demonstra algumas mudanças, o médico é imediatamente colocado na posição de alguém em quem os pais confiam e se estabelece um círculo benigno que age favoravelmente em termos da sintomatologia da criança (Winnicott, 1984, p. 15-16).

Acredita-se que, por meio de um campo de experiência compartilhada dos pais com a criança, retoma-se o ato criativo do brincar, que mobiliza outros recursos que podem vir a permitir a integração do sentimento gerador da angústia ao ser si mesmo da criança, e não mais a manutenção dele como um aspecto isolado e desconexo do eu sou (*self*).

Isso requer um manejo próprio do psicanalista, em que ele se coloque como um facilitador do diálogo entre a criança e seus pais, com a delicadeza e o suporte do cuidar-curar para que haja integração dos sentimentos agressivos à realidade subjetiva da criança e dos pais, propiciando uma nova experiência de desilusão, gradativa, que não ameace a criatividade.

> É no brincar, e somente no brincar, que o indivíduo, criança ou adulto, pode ser criativo e utilizar sua personalidade integral: e é somente sendo criativo que o indivíduo descobre o eu ("self") (Winnicott, 1975, p. 80).

Isto parece revelar que as consultas terapêuticas com pais e filhos permitem o acontecer de uma nova experiência compartilhada do brincar, em um ambiente especializado, sustentada na confiança e segurança do vínculo, que comporta a comunicação de "uma sucessão de ideias, pensamentos, impulsos, sensações sem conexão aparente" (Winnicott, 1975, p. 81) em busca de uma compreensão possível daquilo que está emergente em um momento crítico da vida emocional da criança.

4.4 Apresentação de um caso clínico: caso Philip (1953)

A escolha das autoras deste capítulo por ilustrar o caso Philip (1953) está associada ao fato de entendermos que Winnicott considerava de suma importância o ambiente em que essa criança e sua família, que chegaram para a consulta, estão inseridas, assim como entendemos que há uma aproximação com o contexto sociocultural-político atual.

Faremos uma breve introdução a respeito da maneira como o caso Philip foi cuidado por Winnicott em sua prática clínica. O caso ilustra as duas formas de se compreender psicanaliticamente um sintoma: pediatria física (trata de cuidar das doenças físicas, podendo ser decorrentes de deficiências ambientais) e pediatria psicológica – a psiquiatria infantil (trata de cuidar do desenvolvimento emocional, que pode ter sido paralisado impedindo de alcançar a maturidade na idade em que a criança se encontra).

> O psiquiatra, portanto, não é um curador de sintomas. Ele reconhece no sintoma um SOS que justifica uma investigação completa da história do desenvolvimento da criança em relação ao seu ambiente e à cultura. O tratamento é direcionado à necessidade de a criança de emitir um SOS (Winnicott, 2000b, p. 169).

O tratamento de Philip foi realizado majoritariamente pelos pais, que se mostraram capazes de reconstruir o seu lar desestruturado pela Segunda Grande Guerra, usando uma situação de doença física como uma possibilidade para atingir um desenvolvimento da sua personalidade que havia ficado para trás. "Este menino teve sorte: conseguiu realizar o que era necessário sem precisar da doença física" (Winnicott, 2000b, p. 171).

Na sequência, falaremos do relatório do caso Philip, segundo o relato de Winnicott, com assinalamentos das autoras, considerados como fundamentais para a articulação entre a teoria winnicottiana e a prática clínica com crianças em psicanálise.

4.4.1 História de vida de Philip

> O parto de Philip foi muito difícil. A mãe recordava-se de que havia sido uma longa batalha. O saco amniótico tinha arrebentado dez dias antes do parto, e do ponto de vista da mãe, o trabalho de parto começou e interrompeu-se por duas vezes antes de o menino nascer, o que aconteceu sob o efeito de clorofórmio. Philip foi amamentado pelo seio por seis semanas. Não houve perda de peso no início, e a passagem para

a mamadeira foi tranquila. Enquanto bebê, ele era do tipo geralmente chamado de alegre e brincalhão, até os 2 anos de idade, época em que a guerra passou a interferir em sua vida. Não houve mais brincadeiras em casa, e ele tornou-se uma criança predominantemente quieta, talvez excessivamente dócil. Sua vida de criança passou a ser compartilhada com crianças estranhas e agressivas (Winnicott, 2000b, p. 172).

4.4.2 Ambiente familiar

Philip, aos 9 anos, era um dos três filhos de uma boa família. O pai tinha estado ausente por um longo período durante a guerra, ao final da qual ele se retirou da carreira militar e dedicou-se a reconstruir o seu lar, estabelecendo-se como um pequeno fazendeiro. A mãe percebia Philip como uma criança estranha, e tudo o que ele possuía era muito pessoal e privado. Dificuldades reais, porém, nunca haviam ocorrido antes que ele completasse 6 anos. A mãe não gostava de psicologia e declarou-se completamente ignorante a respeito, o que para mim teve uma grande utilidade ao lidar com o caso, pois me permitiu confiar em seus sentimentos e em sua compreensão natural ou intuitiva da natureza humana, mais que em suas leituras esporádicas ou em seus pensamentos. O irmão havia sido amamentado por cinco meses e tinha uma personalidade franca e direta desde o início. Philip o admirava muito. Os dois meninos estudavam numa conhecida escola preparatória. A irmã menor estava se desenvolvendo de um modo obviamente normal, e beneficiava-se inteiramente do lar recém-reconstruído. Em comparação com o irmão, Philip não era muito aberto quanto aos seus sentimentos. Ainda assim, era bastante afetuoso com a mãe e a irmã. Entre os dois e quatro anos de idade, Philip e seu irmão viveram com a mãe longe de casa, retornando para lá mais tarde. O lar, porém, que havia sofrido uma ruptura quando ele tinha dois anos, só se refez quando o pai deixou o exército, pouco tempo antes da consulta. [...] a situação provocada pela guerra deu lugar a uma séria perturbação, que teve um efeito maior sobre Philip do que sobre o irmão (Winnicott, 2000b, p. 171-173).

4.4.3 Ambiente social

O diretor da escola escreveu aos pais (em outubro de 1947) dizendo que, embora nunca houvesse considerado Philip uma criança anormal, precisava sugerir-lhes que o tirassem da escola, por ter descoberto a causa de uma epidemia de furtos. Na escola Philip era considerado inteligente, mas preguiçoso. O diretor deu-lhe um conceito baixo, mas disse-me numa carta que ele nunca havia pensado no menino como anormal até começarem os roubos. Ele já estava acostumado com a preguiça, e acreditava que o menino se sairia bem ao final. Por esse detalhe, podemos ver o quanto mesmo uma boa escola pode deixar de perceber uma doença de natureza psiquiátrica (Winnicott, 2000b, p. 171-175).

4.4.4 Sintomas

Alguns sintomas: catarro, falta de coordenação, obstrução nasal contínua e seu uso na relação com a mãe. A mãe sofre de asma, e acha que o menino tem ligeiros ataques de asma de vez em quando. Ela cuidava de Philip a maior parte do tempo, ainda com a ajuda de uma babá, e notou claramente a diferença entre os dois meninos. Philip não era apenas menos saudável em razão do catarro, como tinha também dificuldades de coordenação. O sono era sempre perturbado por obstrução nasal. Philip acordava e pedia a ajuda da mãe, e é possível que ele usasse essa dificuldade física, sem o saber, para ter a presença de sua mãe à noite. Fobias: se ele não tivesse essa obstrução nasal, a mãe teria que vir vê-lo na cama por causa de alguma fobia. Ele tinha fobia a se ferir, e depois da amigdalectomia passou a ter fobia a médicos. Roubos: quando Philip tinha seis anos, o que a mãe me lembrou foi a época de sua amigdalectomia, ele voltou para casa com o relógio da enfermeira. Nos três anos seguintes, ele roubou outro relógio e também o dinheiro, que gastava todo. Outros objetos eram roubados e sempre danificados. Ele nunca ficava sem dinheiro próprio e desenvolveu a paixão de colecionar livros (Winnicott, 2000b, p. 172-175).

4.4.5 Enurese

Com relação ao que chamamos de hábitos de higiene, o seu treinamento foi fácil, e molhar a cama nunca tinha sido um problema. A mãe contou também que ele tinha frequentes desejos de urinar com urgência, o que ela relacionava com a obstrução nasal. Na escola, o menino era considerado saudável e a obstrução nasal parecia menos evidente (Winnicott, 2000b, p. 173-175).

4.4.6 Diagnóstico

Uma reflexão sobre esses detalhes mostra o quão precário pode ser o encaminhamento de uma criança psiquiatricamente doente, antes que algum dano seja causado. Foi por pura sorte que eu estava em condições de ajudar no início mesmo do processo, antes que se organizasse uma atitude moral contra o comportamento delinquente do menino, e antes que a intolerância ao sintoma se transformasse numa terapia marcada pelo pânico (Winnicott, 2000b, p. 172).

4.4.7 Etiologia

Deprivação aos 2 anos: a história que a mãe conseguiu me fornecer mostrou que o menino começou bem a sua vida, mas que houve perturbações no seu desenvolvimento emocional quando tinha dois anos (mudança de casa e afastamento do pai por motivo da guerra). Deprivação aos 6 anos: fiz uma anotação especial sobre a amigdalectomia, que aparentemente havia dado início à mudança em sua personalidade. a operação tinha sido realizada muito perto do nascimento da irmã, e posteriormente descobri que a perturbação mais importante havia sido realmente esse nascimento (Winnicott, 2000b, p. 174-175).

4.4.8 Manejo clínico

Setting presencial – consultório de Winnicott, onde aconteceram as entrevistas com a mãe e as três consultas terapêuticas com Philip. *Setting* à distância – contato com a família por telefone. Situar o manejo do caso nos próximos meses (em geral por telefone). O lar funcionou como o hospital psiquiátrico de que o menino precisava, um asilo no pleno sentido da palavra (Winnicott, 2000b, p. 176).

4.4.9 Terapeutas

Profissional Winnicott e família.

4.4.10 Relacionamento terapêutico

Entrevista com Philip.

Não houve qualquer dificuldade inicial. Tratava-se de um rapazinho inteligente e agradável, um tanto retraído, que não dava a impressão de estar me observando objetivamente. Ele estava obviamente preocupado com seus próprios problemas, e um pouco confuso. Sua irmã havia vindo com ele, e ele se comportava em relação a ela com muita naturalidade. Sem qualquer dificuldade, a deixou com a mãe e entrou comigo na sala de brinquedos. Certa vez, na escola, ele havia sentido saudades de casa e foi falar com o diretor. "O diretor tentou de tudo, mas não conseguiu ajudar". Ele então comparou o diretor a mim e disse, muito abertamente, que enquanto o diretor apenas dizia "'Anime-se", eu tinha conseguido compreendê-lo um pouco, e disso ele precisava muito (Winnicott, 2000b, p. 176-177 / 180-181).

4.4.11 Winnicott e a mãe

Ela tinha a capacidade de estar em contato muito próximo com uma criança normal, mas não a de manter contato com uma criança doente, e para mim foi importante reconhecer que assim era, pois considerava necessária à sua cooperação. Algum tempo depois eu lhe descrevi as necessidades do menino em relação a ela não nos termos de um caso psiquiátrico, mas nos termos das necessidades de um bebê normal, explicando que ele precisava voltar a ser um bebê na relação com ela, tornando-se assim capaz de fazer uso do lar recém-reconstruído. Eu disse à mãe que o menino precisaria de sua ajuda, pois estava claro que ele havia perdido algo na idade de dois anos, e que teria de voltar lá para procurar o que perdeu. A mãe compreendeu o pedido de Winnicott e parece ter tido a ajuda dele por todo o processo (Winnicott, 2000b, p. 174-176).

4.4.12 A mãe e Philip

A mãe permitiu e sustentou a regressão de Philip.

"Muito bem, se ele precisa voltar a ser um bebê, que venha então para casa, e se você puder ir me

explicando o que está acontecendo, eu dou conta".
Ela provou que não se tratava de meras palavras,
merecendo o crédito de fazer com que a criança
atravessasse a salvo a doença mental. O menino poderia fazer uso de seu lar reconstruído, e seria esse
lar reconstruído o que iria encarregar-se da parte
principal da terapia. Philip foi aceito em casa como
um caso especial, uma criança doente que precisa ter
a permissão de ficar ainda mais doente. Quero dizer,
com isto, que ocorreu um adoecimento controlado,
com a permissão de desenvolver-se por inteiro. Ele
deveria receber aquilo a que toda criança tem direito
no início, ou seja, um período em que é natural que o
ambiente se adapte ativamente às suas necessidades.
Em termos técnicos, o menino fez uma regressão. Ele
retrocedeu em seu desenvolvimento emocional de
um modo que descreverei a seguir, e posteriormente
voltou a progredir (Winnicott, 2000b, p. 175-176).

4.4.13 Procedimentos de tratamento

Entrevista com a mãe.

> Em primeiro lugar, marquei uma consulta com a mãe,
> e numa longa entrevista consegui colher a história
> bem detalhada do menino [...]. Essa história mos-
> trou-se essencialmente correta, e somente num único
> detalhe importante, a verdade exata emergiu apenas
> quando entrevistei o menino (Winnicott, 2000b,
> p. 171-172).

Consultas terapêuticas.

> "Escolhi o caso de um menino para o qual o trata-
> mento psicanalítico não era possível, mas cuja cura (se
> posso chamá-la de cura) dependeu, em parte, de três
> sessões de psicoterapia" (Winnicott, 2000b, p. 171).

Jogo do rabisco – uma maneira de se comunicar.

> Adotei uma técnica que me parece adequada para casos desse tipo, uma espécie de teste projetivo em que eu faço a minha parte. As figuras 1 a 5 são exemplos dos desenhos. Trata-se de um jogo em que eu faço primeiro um rabisco e ele deve transformá-lo em alguma coisa, e em seguida ele faz o rabisco e eu tento transformá-lo.
>
> a. Fig. 1 rabisco de Winnicott: Inglaterra
>
> b. Fig. 2 rabisco de Philip: um peixe
>
> c. Fig. 3 rabisco de Winnicott: uma mãe leão-marinho com um bebê
>
> d. Fig. 4 rabisco de Winnicott: o sr. Punch com rasgões em suas roupas
>
> e. Fig. 5 rabisco de Philip: o bruxo (Winnicott, 2000b, p. 176-179).

4.4.14 Hora do brincar

> A terceira entrevista transformou-se numa hora de brincar, uma sessão de brinquedos comum, na qual fiquei sentado, olhando como Philip construía um complexo desenho com meu jogo de trilhos de trem. Todas as vezes seguintes em que ele veio me ver limitou-se a brincar com os trens, e eu não mais fiz psicoterapia, e sim, consultas terapêuticas. De fato, não devo fazê-lo, a não ser que me fosse possível permitir que se estabelecesse um tratamento psicanalítico, com sua sessão diária garantida e uma duração de um, dois ou três anos. Isto nunca foi cogitado no caso de Philip (Winnicott, 2000b, p. 184).

4.4.15 Discussão

Segue uma breve discussão a partir do ponto de vista das autoras baseado nos ensinamentos de Winnicott.

O autor pôde, por meio das consultas terapêuticas, nos mostrar o sucesso de um caso atendido por ele, que tinha como prognóstico acreditar na saúde de Philip e na capacidade da família de ajudá-lo. Sendo assim, o bom prognóstico se confirmou.

Winnicott acompanhou Phillip e sua família por cerca de três meses. Os pais procuraram auxílio do psicanalista após terem sido comunicados pelo diretor da escola que Philip era a causa de uma epidemia de furtos. Na compreensão de Winnicott, tais atitudes de Philipp denunciavam um comportamento antissocial, sendo percebido como uma defesa contra a incerteza ambiental, o que definiria que ele se tornasse retraído. Aos 6 anos, ele iniciou uma degeneração da personalidade que foi progressiva, levando à sintomatologia principal aos 9 anos, para a qual foi levado à consulta. No auge dessa regressão, surgiu o comportamento de molhar a cama.

Philip foi se tornando cada vez mais retraído e dependente. Ele parecia viver em um mundo encantado, estava se tornando cada vez menos capaz de habitar seu corpo ou interessado em sua aparência. O estágio final da regressão, o fundo do poço, então apareceu. Ele vivia cansado, tinha cada vez mais dificuldades para levantar-se da cama e, pela primeira vez desde que era um bebê, passou a molhar a cama.

A recuperação de Philip foi gradual, porém constante. Certo dia, levantou-se da cama, marcando o início de sua recuperação, sem retroceder em nenhum momento. No verão de 1948, de acordo com a percepção de Winnicott, ele já podia retornar à escola; no entanto, a volta foi adiada até o outono, um ano após o início da doença. Não houve recaída depois da primeira entrevista, ou seja, após a primeira consulta terapêutica seguida pelo manejo da família em casa.

Winnicott ressalta a importância da compreensão do estado orgânico (enurese, por exemplo) aliada à compreensão psicanalítica da situação, para que assim os sintomas adquiram uma significação completa:

> Se um pediatra tivesse sido consultado neste caso sobre enurese noturna, o que teria pensado se viesse a entrar em contato com o ponto de regressão máxima do menino? De um modo geral nem a mãe nem a criança saberiam o que estava acontecendo. No caso de Philip houve condições excepcionalmente favoráveis para que a doença se desenvolvesse até alcançar o seu auge, e em seguida retrocedesse até chegar naturalmente ao fim. Teria sido inútil tentar curar a enurese de Philip sem considerar o estado regressivo que se encontrava em seus bastidores (Winnicott, 2000b, p. 186).

Ao retornar à escola que estudava anteriormente, Philip acompanhou sua turma sem dificuldades cognitivas e emocionais, o que foi reconhecido pelo diretor da instituição.

> Aos doze anos e meio Philip foi para uma conhecida escola pública, bastante difícil, e aos 14 estava com 1,65m, ombros largos, naturalmente másculo, em geral fora de casa e bom nos esportes de sempre. Em termos de escolaridade estava um ano à frente de sua faixa etária (Winnicott, 2000b, p. 186).

Winnicott salienta que o sucesso no caso de Philip só foi possível porque ele não considerou somente a queixa de enurese, mas também os aspectos regressivos apresentados pela criança. Sendo assim, a doença se desenvolveu até alcançar seu auge e, e em seguida, retrocedeu até chegar naturalmente ao fim, por conta de um ambiente favorável.

De acordo com os tópicos anteriores deste capítulo (4.2 e 4.1) apresentados pelas autoras, entendemos que:

O *setting* analítico da clínica winnicottiana é capaz de oferecer um estado de regressão à criança que, ao se aproximar desse estado (caracterizado pela dependência), pode entrar em contato com as falhas ambientais sofridas por ela ao longo do seu desenvolvimento emocional, e o analista deve ter a habilidade de fornecer-lhe suporte, desempenhando uma relação de sustentação que, de acordo com os ensinamentos de Winnicott, também pode ser denominada de *holding*. Portanto o que determina o trabalho do analista winnicottiano é a maneira como deve ser conduzido o tratamento, considerando a necessidade do paciente, que pode divergir de acordo com a natureza do distúrbio que este apresenta.

Diferentemente, ao pensarmos no manejo clínico na perspectiva kleiniana, a psicanalista utiliza-se da interpretação como instrumento de comunicação com a finalidade de revelar as fantasias inconscientes da criança que promoviam as angústias, inibições e sintomas. Portanto, segundo a teoria e a técnica kleiniana, para que a análise infantil atinja o objetivo de diminuir a angústia e restaurar a energia psíquica que causa sofrimento, espera-se que a criança possa, por meio do brincar, reestabelecer o percurso do desenvolvimento emocional.

REFERÊNCIAS

ARAGÃO, R. O. O narcisismo materno e criação do espaço psíquico para o bebê. *In*: *Tornar-se mãe de seu próprio filho*. Curitiba: Honoris Causa, 2010.

KNOBEL, M. *Psiquiatría infantil psicodinámica*. Buenos Aires: Paidos, 1977.

LESCOVAR, G. Z. *As consultas terapêuticas e a psicanálise de D. W. Winnicott*. Estudos de Psicologia (Campinas), [S.l.], v. 21, n. 2, p. 43-61, maio 2004. Disponível em: https://doi.org/10.1590/S0103-166X2004000200004. Acesso em: 05 maio 2024.

MOREIRA, L. M. A. G. *Consultas terapêuticas com pais e filhos*: resgatando a experiência compartilhada do brincar. São Paulo: Juruá Editora, 2019.

RAHMI, R. M. A técnica do brincar. *In*: JERUSALINSKY, Alfredo (org.). *Psicanálise e desenvolvimento infantil*. 1. ed. Porto Alegre: Artes e Ofícios, 2007. p. 238.

ROSENBERG, A. M. S. de. A constituição do sujeito e o lugar dos pais na análise de crianças. *In*: ROSENBERG, A. M. S. de (org.) *O lugar dos pais na psicanálise de crianças*. São Paulo: Escuta, 1994.

SAFRA, G. *A clínica em Winnicott*. Nat. hum, São Paulo, v. 1, n. 1, 1999.

SAFRA, G. *Curando com histórias*: a inclusão dos pais na consulta terapêutica da criança. São Paulo: Sobornost, 2005a.

SAFRA, G. *Investigação em psicanálise na universidade*. Psicol. USP, São Paulo, v. 12, n. 2, 2001.

SAFRA, G. *Revisitando Piggle*: um caso de psicanálise segundo a demanda. São Paulo: Sobornost, 2005b.

SEGAL, H. A posição depressiva. *In*: SEGAL, H. *Introdução à obra de Melanie Klein*. Rio Janeiro: Imago, 1975.

SOUZA, A. L. S. Desenvolvimento psicoemocional. *In*: BARROS, V. F. R. (org). *A saúde mental na atenção à criança e ao adolescente*: os desafios da prática pediátrica. São Paulo: Atheneu, 2016.

SOUZA, A. L. S. Melanie Klein e o brincar levado a sério: rumo à possibilidade de análise com crianças. *In*: GUELLER, A. S. de; SOUZA, A. S. L. de (org.) *Psicanálise com criança*: perspectivas teórico-clínicas. São Paulo: Casa do Psicólogo, Artesã Belo Horizonte 2013.

WINNICOTT, D. W. *A criança e seu mundo*. 6. ed. Rio de Janeiro: LTC, 1982a.

WINNICOTT, D. W. *Consultas terapêuticas em psiquiatria infantil*. Rio de Janeiro: Imago, 1984.

WINNICOTT, D. W. *Da pediatria à psicanálise*: obras escolhidas. Rio de Janeiro: Imago, 2000a.

WINNICOTT, D. W. *Explorações psicanalíticas*. Porto Alegre: Artes Médicas,1994.

WINNICOTT, D. W. *O ambiente e os processos de maturação*: estudos sobre a teoria do desenvolvimento emocional. Porto Alegre: Artes Médicas,1982b.

WINNICOTT, D. W. *O brincar e a realidade*. Rio de Janeiro: Imago, 1975.

WINNICOTT, D. W. *Natureza humana*. Rio de Janeiro: Imago, 1990.

WINNICOTT, D. W. *Privação e delinquência*. São Paulo: Martins Fontes, 2005.

WINNICOTT, D. W. Provisão para criança na saúde e na crise. *In*: WINNICOTT, D. W. *O ambiente e os processos de maturação*: estudos sobre a teoria do desenvolvimento emocional. Porto Alegre: Artes Médicas, 1983.

WINNICOTT, D. W. Sum: Eu sou. *In*: WINNICOTT, D. W. *Tudo começa em casa*. Tradução Paulo Sandler. 3. ed. São Paulo: Martins Fontes, 1999.

WINNICOTT, D. W. *The Piggle*: relato do tratamento psicanalítico de uma menina. Rio de Janeiro: Imago,1987.

WINNICOTT, D. W. Tolerância ao sintoma em pediatria: relato de um caso. *In*: WINNICOTT, D. W. *Da pediatria à psicanálise*: obras escolhidas. Rio de Janeiro: Imago, 2000b.

WINNICOTT, D. W. *Tudo começa em casa*. Rio de Janeiro: Imago. 5. ed. São Paulo: Martins Fontes, 2011.

CAPÍTULO 5
A PSICANÁLISE COMO DISCURSO

Nathalia Vieira Machado Rodrigues

5.1 Lacan e a escola francesa

A escola francesa de psicanálise se consolidou ao longo do tempo, surgindo de diversas divergências ideológicas entre seus membros. Essa escola de grande destaque é descrita por figuras proeminentes como J. Lacan, J. McDougall, J. Laplanche, S. Lebovici, P. Aulagnier, B. Grunberger, J. C. Smirgel, P. Fédida, e, mais recentemente, A. Green. É amplamente aceito que todos esses autores foram profundamente influenciados por Lacan, que é reconhecido como o representante principal dessa escola (Zimerman, 1999).

Jacques-Marie Émile Lacan, nascido em 1901 na França e falecido em 1981, originário de uma família de classe média, demonstrou desde cedo um notável desempenho acadêmico, destacando-se em áreas como filosofia, teologia e latim. Iniciou seus estudos de medicina em 1920 e, a partir de 1926, especializou-se em psiquiatria, com especial interesse no estudo das paranoias (Zimerman, 1999).

Durante sua trajetória, Lacan também se envolveu com o movimento surrealista, associando-se a figuras notáveis como Breton, Salvador Dalí e Picasso. Em 1933, apresentou sua tese intitulada "Da psicose paranoica em suas relações com a personalidade", que se tornou um marco em suas concepções originais.

5.2 Lacan e o retorno a Freud

Posteriormente, Lacan, um autor polêmico e controverso, voltou sua atenção para um "retorno a Freud", rejeitando o crescimento da escola norte-americana da "psicologia do ego", que ele via como uma deturpação da psicanálise. Algumas interpretações sugerem que esse retorno também pode estar ligado à relação com seu analista, Loewenstein, que emigrara para os Estados Unidos. Em sua abordagem, Lacan não apenas reiterou sua lealdade a Freud, mas também fez interpretações radicais dos textos freudianos, ao mesmo tempo em que trouxe dimensão estruturalista à psicanálise, razão pela qual essa corrente é conhecida como "escola estruturalista".

Lacan formou-se em medicina, especializando-se em psiquiatria e psicanálise, e, ao longo de sua carreira, demonstrou uma inteligência excepcional e uma cultura sólida, que às vezes se manifestava de maneira arrogante. Essas características renderam-lhe uma base específica de seguidores e admiradores, tanto dentro quanto fora do campo da psicanálise, mas também atraíram um número significativo de críticos, detratores e desafetos (Zimerman, 1999).

O psicanalista era conhecido por sua habilidade em se envolver em conflitos com seus colegas e dissidências ideológicas, incluindo a criação da própria "Escola Freudiana de Paris", que inicialmente ganhou reconhecimento, mas posteriormente envolveu divergências entre seus membros. Além disso, Lacan dissolveria a própria escola em 1980, e seus ex-colaboradores formariam diversas correntes psicanalíticas em rápida expansão, resultando em uma fragmentação tão pronunciada que alguns críticos tendem a dizer que a escola lacaniana estaria "pulverizada".

5.3 O inconsciente estruturado como linguagem e a clínica lacaniana

Jacques Lacan, ao longo de sua trajetória, foi profundamente influenciado por quatro vertentes distintas, que moldaram significativamente seu pensamento e sua obra psicanalítica. A primeira delas foi a linguística, inspirada no estruturalismo linguístico de Saussure. A segunda vertente, de natureza antropológica, teve como base a abordagem estruturalista de Lévi-Strauss à antropologia. A terceira influência relevante veio da filosofia, com destaque para a obra de Hegel, em particular sua descrição do "Diálogo do amo e do escravo", que Lacan incorporou em sua teoria, aplicando conceitos dialéticos como "tese, antítese e síntese" e desenvolvendo a "dialética do desejo" e do "olhar". Por fim, uma quarta vertente crucial para Lacan foi a psicanálise, com base na releitura da obra de Freud (Zimerman, 1999).

Para entendermos a lógica de desejo inconsciente em Lacan, é preciso pontuar a importância do "outro" na constituição do sujeito: é pelo outro que somos introduzidos na linguagem desde que nascemos. É o outro do amor que nos dá os primeiros significantes que nos constituem. O *Grande Outro* é o discurso do inconsciente, assim como a noção de *sujeito* lacaniano significa a verdade do inconsciente: aquilo que foi reprimido retorna como cadeia de sintomas para podermos dizer de nós. É o lugar no qual construímos quem somos durante a vida, ou seja, esse *outro* é o lugar do simbólico.

Lacan introduziu o conceito de "real" como aquilo que está fora do alcance da linguagem, o que não pode ser nomeado. Esse "real" é o inominável, e a dificuldade em nomeá-lo é o que gera a angústia que experimentamos em diversos momentos da vida. Isso implica que algo se perde no processo de entrada na linguagem, pois existe um "real" que nos atravessa. Lacan chamou esse algo perdido de "objeto a", um resíduo da linguagem que se perdeu e que permanece no campo do real. Esse "objeto a" nos remete ao primeiro outro do amor na entrada da linguagem, representando um resto que ficou de algo que a linguagem não conseguiu capturar.

Se o *objeto a* está no campo do real, de algo que se perdeu, podemos dizer que está no campo da falta. E, quando se fala de falta na teoria lacaniana, estamos falando de *desejo*; logo, pode-se dizer que o *objeto a* é objeto causa de desejo.

Por que causa de desejo? O *objeto a* é, por si só, uma causalidade, visto que ele já está perdido. E então, durante a vida, buscamos outros objetos que dão notícias desse primeiro, para que possamos nos satisfazer. Mas, como estamos introduzidos na linguagem, e algo sempre está perdido, não podemos nos satisfazer completamente com nenhum objeto, pois algo sempre vai faltar. Por isso é que as satisfações pulsionais são apenas parciais, sem objeto fixo. E é isso que faz com o que busquemos mais, sempre com certa insatisfação.

Além disso, ao longo de sua trajetória, Lacan apresentou seus estudos sobre o "estádio do espelho", revisando e expandindo seu trabalho ao longo dos anos, com profundas repercussões até os dias atuais (Zimerman, 1999). Desenvolvido por Jacques Lacan em 1949, o "estádio do espelho" é um conceito que descreve um estágio no desenvolvimento da criança, que ocorre por volta dos 6 meses aos 18 meses de idade. Esse estágio é central na teoria lacaniana e tem implicações profundas na formação do eu e na compreensão do desejo humano.

Na primeira fase do estágio, a criança tem vivência imaginária fragmentada do corpo, que leva à sensação de fusão com o outro, quando se percebe diante de um reflexo com o corpo inteiro, individual e singular – levando-a ao júbilo concomitante à formação do eu ideal: aquilo que não somos, mas gostaríamos de ser, o qual Lacan aponta para o registro do imaginário.

Na segunda fase, a criança se identifica com o desejo da mãe, desejando ser o falo dela, entendido como símbolo de poder. Na terceira fase, a criança aceita a castração paterna, o que leva ao registro simbólico e ao ingresso no complexo de Édipo, desafiando as ilusões narcisistas formadas nas fases anteriores. É importante notar que o pai já está presente no psiquismo da mãe desde o início, contribuindo para a construção do psiquismo da criança. Com a introdução da estrutura da linguagem, Lacan faz a releitura freudiana do complexo de Édipo e complexo de castração como "metáfora paterna".

Lacan concebe o funcionamento do psiquismo em três registros: o imaginário, o simbólico e o real, os quais interagem simultaneamente. Ele examina o desejo do sujeito a partir das interações entre os registros imaginário e simbólico. Nas primeiras fases do estágio do espelho, o imaginário leva a criança a acreditar que ela e a mãe são a mesma coisa, e, se a mãe fortalece essa ilusão, a criança desenvolve a crença de que seu desejo deve "ser o falo da mãe", tornando-se o desejo da mãe. Quando uma criança entra no registro simbólico, por meio da interdição imposta pelo que Lacan chama de "nome do pai" – função simbólica da lei organizadora –, ela descobre que o desejo de cada um deve se submeter à lei do desejo do outro.

Zimerman (1999) também destaca a distinção feita por Lacan entre as noções de necessidade (que se refere ao mínimo necessário para a sobrevivência física e psíquica), desejo (o saber inconsciente) e demanda (que é insaciável, representando um pedido desesperado por reconhecimento e amor para preencher uma antiga e profunda cratera de origem narcisista). Na demanda, há o desejo de ser o único objeto do desejo do outro, mas esse objeto está constantemente em falta, levando o sujeito a seguir desejando, de modo que "seu desejo é o de desejar". Esse entendimento da "ética do desejo" tem grande importância na prática clínica lacaniana.

Lacan apresenta várias modificações nas abordagens clássicas da psicanálise freudiana, o que oferece uma perspectiva de observação e compreensão distinta do sujeito. Alguns desses aspectos notáveis incluem:

1. A ideia de que a inveja e a agressão não são inatas e primárias, mas surgem quando o registro imaginário do sujeito é desafiado, especialmente em sua opinião onipotente de fusão com o desejo da mãe.
2. A ênfase de que a análise não deve se restringir ao mundo interno do sujeito, sendo essencial considerar a importância da palavra e a cadeia de significantes contidas na linguagem.
3. A noção de forclusão (uma forma extrema de negação) que impede a ruptura da fusão narcísica com o outro, dificultando a capacidade de formar símbolos e o ingresso no registro simbólico, o que pode se constituir como psicose.
4. Mudanças técnicas, incluindo a substituição do tempo cronológico pelo "tempo lógico" nas sessões, enfatizando a importância do "corte simbólico". Lacan também propõe que toda resistência é resistência do analista. Além disso, ele sugere que as interpretações devem incluir interrupções que representem a castração e o corte simbólico, em vez de interpretações tradicionais focadas no "aqui e agora".

Lacan enfatizou a importância do estruturalismo da linguagem, considerando a palavra como tendo um valor igual ou superior à imagem visual. Ele argumentava que o ser humano está imerso em um universo de linguagem, no qual a palavra desempenha um papel central na significação e ressignificação da imagem. Para Lacan, a linguagem não apenas estrutura o psiquismo, mas o inconsciente é ele próprio estruturado como uma linguagem, embora seja inicialmente composto de imagens decifráveis como hieróglifos. A unidade fundamental da linguagem é o signo, composto por um significante (imagem acústica) e um significado (conceito), sendo a posição de cada signo na estrutura e suas relações com outros signos essenciais na estrutura linguística, de maneira análoga a uma sinaleira de trânsito, na qual cada cor tem um significado específico" (Zimerman, 1999). Assim, na primeira clínica, Lacan inaugura o conceito de estruturas clínicas a partir da posição do sujeito diante a castração do outro. As três grandes estruturas são: neurose, psicose e perversão.

5.4 A ética da psicanálise lacaniana: desejo e laço social

Percebe-se na clínica lacaniana que o sujeito do inconsciente é concebido como um efeito de linguagem resultante da operação de recalque originário, sendo moldado pela operação da lei paterna representada pelo significante "nome do pai". Esse sujeito do inconsciente, como destacado por Lacan (1960/1966), está intrinsecamente ligado à linguagem e à exclusão sobre o desejo, representado pelo mito edípico, que se manifesta como o falo simbólico, o representante da falta e do desejo incompleto. Nesse contexto, a intervenção analítica lacaniana busca identificar o sujeito do inconsciente como o ponto central do desejo, que está inscrito na estrutura de linguagem como significante, transcender as relações imaginárias e levar o sujeito a reconhecer sua "falta a ser". Conforme o argumento de Safatle (2006), essa abordagem clínica está alinhada com um paradigma de reconhecimento intersubjetivo, em que a análise busca promover a consciência da falta constitutiva do humano por meio da queda das ilusões de satisfação proporcionadas pelas relações imaginárias.

A ética da psicanálise, como enfatizado por Lacan (1988), não se limita a simples obrigações ou à ordem social estabelecida por estruturas de parentesco e trocas de bens. Ela se inicia no momento em que o sujeito questiona o bem que busca inconscientemente nas estruturas sociais. Portanto a ética não é apenas um conjunto de regras, mas uma reflexão sobre o que o sujeito deseja e busca, muitas vezes de forma inconsciente, dentro das estruturas sociais. Isso implica que, por um lado, o laço social e as trocas simbólicas são fundamentais e resultam de uma lei de organização estrutural, enquanto, por outro lado, esse laço é estabelecido porque algo é rejeitado, representado simbolicamente pela ausência da relação sexual. Essa obstrução é fundamental para a estrutura, pois algo desempenha o papel do objeto de desejo, ou, mais especificamente, objeto causa de desejo.

No pensamento freudiano, a relação entre ética e psicanálise difere de outras abordagens. Lacan (1988) sustenta que a lei moral representa o "real" que não é imediatamente acessível e que se opõe ao princípio do prazer, interditando a consumação do desejo. Esse "real não imediatamente acessível" é resultado da evolução do pensamento freudiano, que vai desde a oposição entre o princípio de prazer e o princípio de realidade até a oposição entre pulsões de vida e de morte.

A ética psicanalítica, a partir desse ponto, considera a tensão entre o processo primário, regido pelo princípio de prazer, e o secundário, governado pelo princípio de realidade, como sua referência central. Lacan argumenta que o prazer, em termos energéticos, não se limita à descarga em direção à tensão zero, mas também envolve a conservação de energia, influenciada pela dinâmica do inconsciente estruturado como linguagem.

A responsabilidade por perpetuar esse "prazer" está ligada ao discurso que se atém ao nível do princípio do prazer. Portanto, o princípio de prazer, que inicialmente busca a satisfação, sofre uma correção à medida que o psiquismo se desenvolve devido à influência da realidade externa ao processo primário. No entanto, essa realidade é precária, especialmente quando se considera a ilusão no nível da percepção do prazer.

Com a dominância do princípio de prazer na objetalização, ou seja, na maneira como os objetos são moldados pela percepção, há uma parte da realidade que escapa à busca de prazer. Assim, o "real", na ética da psicanálise, representa algo para além do prazer promovido pelo discurso do princípio de prazer, apontando para uma dimensão que não se limita à satisfação imediata e que desafia a lógica do prazer.

A ética psicanalítica, proposta por Lacan, envolve não apenas o reconhecimento do desejo e da falta, mas também o confronto com a coisa (*das ding*), que é o objeto da falta por excelência. Essa ética direciona a análise como uma jornada em direção às fantasias inconscientes, até seu núcleo, onde o desejo está situado entre o sujeito do inconsciente e o objeto. Isso representa uma espécie de imagem especular do outro, um "resíduo de presença" ligado à constituição subjetiva e "a propriedade mais segura do sujeito com o corpo". Essa ética, baseada na cartografia das coordenadas de prazer, serve como ponto de referência central para o desejo e, ao mesmo tempo, como um limite máximo real para o gozo mortífero que resultaria de um suposto fim do desejo.

A ética do inconsciente começa a ser posta em prática quando o sujeito questiona o que quer intimamente, ou seja, o inconsciente presente nas estruturas sociais. Isso não se trata de ignorar a ordem dos poderes, mas também não se resume a um "você deve incondicionalmente" da razão prática kantiana.

A ética do desejo está na fronteira entre a ordem da cultura, da lei, e a orientação real do desejo, confrontando a subjetividade mais profunda.

A civilização, de acordo com a psicanálise, depende das interdições do desejo em relação à mãe e ao assassinato do pai, que estabelecem como bases da civilização. A interdição do incesto e a separação do sacrifício totêmico, que são a causa do desejo, são referências fundamentais na construção da estrutura social. Portanto interrogar-se sobre o bem inconsciente e a causa do desejo é entrar nessa ordem em que a subjetividade é forjada. A ética psicanalítica lida com essa complexa relação entre o desejo, a lei, as fantasias de incesto e crime, explorando a marca da subjetividade nesse contexto.

O discurso analítico, no qual a causa do desejo é o agente, escreve a impossibilidade entre o objeto ao sujeito do inconsciente. Essa escrita resulta de uma conduta que busca confrontar os limites da fantasia proposta pela ética trágica do desejo. Portanto o discurso analítico desempenha um papel crucial na aplicação da ética psicanalítica.

Essa ética também está relacionada a uma antropologia psicanalítica, que envolve uma estruturação do laço social e a existência de certa relação entre sujeito e o outro.

Portanto, a ética desenvolvida por Lacan na psicanálise tem como horizonte a ordem do desejo inconsciente. Tanto o analista quanto o analisando ocupam posições em um tipo particular de laço social em que a causa desse desejo é interditada. Para que a conduta analítica esteja em conformidade com o desejo, a ética da psicanálise promove, essencialmente, uma reintrodução do laço social, mas de maneira inversa, por meio da ênfase na subjetividade radical do recalcado.

Em resumo, a ética do desejo na psicanálise, ao questionar se a conduta está alinhada com o desejo, acaba por reatualizar o laço social instituído pelo advento da cultura e da ordem discursiva sob a égide da lei. Isso significa que a análise, embora direcionada principalmente para a subjetividade e a singularidade, tem como pano de fundo essencial a consideração do laço social e do campo social como parte integrante de seu contexto, mesmo que sua ênfase inicial seja na subjetividade individual.

REFERÊNCIAS

LACAN, J. O estádio do espelho como formador da função do eu. *In*: LACAN, J. *Escritos*. Rio de Janeiro: Jorge Zahar, 1998. p. 96-103.

LACAN, J. Subversão do sujeito e dialética do desejo no inconsciente freudiano. *In*: LACAN, J. *Escritos*. Rio de Janeiro: Jorge Zahar, 1998. p. 807-842.

LACAN, J. *O seminário livro VII, a ética da psicanálise*. Rio de Janeiro: Jorge Zahar, 1959-60/1988.

LACAN, J. Os complexos familiares. *In*: Lacan, J., *Outros escritos*. Rio de Janeiro: Jorge Zahar, 1938/2003.

SAFATLE, V. *A paixão do negativo*: Lacan e a dialética. São Paulo: Editora Unesp, 2006.

ZIMERMAN, D. E. *Fundamentos psicanalíticos*: Teoria, técnica e clínica. Porto Alegre: Artmed, 1999.

POSFÁCIO

Considerando a perspectiva de estudo da disciplina apresentada pelos organizadores e autores do livro "Psicanálise: desdobramentos teóricos e clínicos a partir de Freud", entendo ser importante destacar a inclusão da clínica psicossocial em diversos de seus capítulos, basilar como apresentação aos psicólogos, às pessoas que estudam psicologia e aos interessados em psicanálise de um fazer clínico que reinsere as dimensões socioculturais da condição humana.

Desde o início da minha trajetória dedicada à formação de psicólogos em 1975 até os dias atuais, tenho pautado a construção do conhecimento por meio da linguagem do estudante na qualidade de expressão de sua história familiar e cultural. A educação de qualidade estabelece um contrato de trabalho entre seus pares – professor e estudante –, permeado pela investigação dos indícios que impedem ou que permitem o desenvolvimento da produção de conhecimento, o que somente pode acontecer por meio da escuta da narrativa dos participantes. Isso acontece quando o professor compreende que o ensino e a aprendizagem estão interligados e que a sala de aula acontece onde quer que ela se realize em dado momento, o que pede uma metodologia de ensino e uma consequente didática para cada espaço e tempo únicos por parte do professor em prol de uma ação formativa disponibilizada a cada um dos estudantes. E, para tanto, os psicólogos que ministram disciplinas em um curso de graduação em psicologia precisam ser titulados e com experiência profissional na área da disciplina que ministram, mas na sala de aula é preciso que eles sejam professores, o que depende das relações de afeto construídas em um meio comum: a produção de conhecimento.

Em termos históricos, a partir da Lei n° 4.119, de 27 de agosto de 1962 – que regularizou a profissão de psicólogo no Brasil – e, logo depois, a criação dos primeiros cursos de graduação em psicologia, a formação de psicólogos foi sendo transformada pelas importantes demandas advindas da sociedade nos contextos escolar, organizacional, comunitário, institucional e clínico. Tornou-se uma formação generalista e sólida a partir das DCNs de 2004 pelo compromisso com as políticas públicas de saúde e assistência social, e com a diversidade de matrizes psicológicas vinculando o fenômeno psicológico ao seu ambiente sociopolítico e cultural.

Foi somente no início da década de 1990 que se impôs o debate sobre a formação do psicólogo em decorrência da necessidade de um projeto pedagógico que explicitasse claramente a reconfiguração dos princípios norteadores da ciência e profissão. As reformas na estrutura do currículo mínimo eram o foco naquele momento em que se buscava uma nova definição da identidade profissional do psicólogo. Destacam-se, nesse sentido, as importantes contribuições da Carta de Serra Negra, aprovada em agosto de 1992 por representantes da maioria das instituições formadoras, e do Congresso Nacional Constituinte da Psicologia, realizado em 1994, em Campos do Jordão, o que implicou uma ação constitutiva das Diretrizes Curriculares Nacionais de 2004, 2011 e as atuais promulgadas em 2023.

As mudanças que se impuseram à formação, pela crescente inserção profissional no campo da saúde, têm caracterizado a psicologia – como atividade e como conhecimento – para além do paradigma de normatização e têm implicado reformulações teóricas e técnicas do nosso fazer psicológico, na medida em que se tornou necessária a inclusão das dimensões do social, do biológico, do político e do cultural no estudo do fenômeno psicológico.

Em outras palavras, a psicologia não pode mais se furtar ao reconhecimento de que o sofrimento humano se dá na interface dessas dimensões humanas que incluem a construção do mundo simbólico, do mundo psicológico. A inclusão dessa perspectiva permite a compreensão do fenômeno psicológico como multideterminado. Entretanto é preciso estar atento ao fato de que essa perspectiva tem gerado o entendimento de que o fenômeno psicológico é uma somatória de influências (biológicas, sociais e psicológicas), postura esta que não possibilita a superação da visão naturalizante do ser humano. Sabe-se, portanto, que há sempre o risco de tender à psicopatologização, e é por isso que se faz importante promover o debate entre diferentes disciplinas sobre o fenômeno psicológico, como a psicanálise, proporcionando a reflexão crítica indispensável para a superação daquela tendência nas interpretações psicológicas. Conforme afirma Marilene Proença, "hoje temos claro que a crítica é um elemento fundamental do trabalho do psicólogo. Não há psicologia sem a conquista da crítica"[1].

Isso implica que a formação de psicólogos impõe uma posição ética como pressuposto, na medida em que, ao sermos instados a responder pela especificidade do conhecimento da psicologia na saúde pública, na escola, no trabalho e *"onde quer que a sua presença seja reclamada"*[2], temos que reconhecer que lidamos com problemas que atravessam sem constrangimentos as fronteiras disciplinares da academia e que recolocam nosso raio de ação no universo social contemporâneo. Em suma, teremos que reconhecer que ter uma teoria é dispor de uma ferramenta que se presta a determinados fins; que não há conhecimento sem interesse; que não há exercício conceitual sem uso do poder; que não há prática sem pressupostos e consequências políticas. Precisamos, por isso, discutir o compromisso social da psicologia e, como indicado por Ana Bock, é preciso "sermos capazes de avaliar a sua inserção, como ciência e profissão, na sociedade e apontarmos em que direção a psicologia tem caminhado"[3].

---

1 TANAMACHI, E. *Entrevista com a Profa. Dra. Marilene Proença Rebello de Souza*. Psicologia Escolar e Educacional, v. 7, n. 1, p. 99–101, 1 jun. 2003.
2 BRASIL. Conselho Federal de Educação (CFE). *Parecer n° 403/62*. Conselho Federal de Educação, 1962.
3 BOCK, Ana M. B. *A Psicologia a caminho do novo século*: identidade profissional e compromisso social. Evento Estudos de Psicologia, v. 4, n. 2, 1999. p. 321.

Disso decorre que a ciência é uma construção histórica da realidade e que as teorias científicas são concebidas e transformadas nesse processo. Não se pode pensar nas teorias científicas separadamente do momento histórico em que são concebidas e nos problemas que buscam responder, nem muito menos deixar de pensar na complexidade que perpassa e constitui os sujeitos. Nesse sentido, é possível dizer que a realidade não é esgotada pelo conhecimento científico, já que ele é somente um dos muitos modos de a realidade ser conhecida, nunca único e final. Essa concepção de ciência como fenômeno processual histórico impõe que suas teorias não sejam envolvidas pelo conceito da verdade porque elas propõem simplesmente uma interpretação da realidade. É preciso então pensar em realidades, e isso só é possível ao alcançar os mundos que constituem a vivência do ser humano, que se utiliza de todos os seus sentidos para que a vida faça algum sentido.

O livro "Psicanálise: desdobramentos teóricos e clínicos a partir de Freud" estimula o pensar por meio de importantes reflexões teóricas, clínicas e éticas apresentadas por seus autores, todos eles professores e psicanalistas em um curso de graduação em psicologia, contribuindo com os psicólogos, com as pessoas que estudam psicologia e com os interessados em psicanálise que sabem que suas práticas estão sempre em desenvolvimento e que o maior desafio do ensino é levar o estudante a apropriar-se do "aprender a pensar"[4] de forma a colaborar com o seu projeto profissional.

São Paulo, 27 de fevereiro de 2024.

Profa. Ghislaine Gliosce da Silva

---

4   BRASIL. Lei nº 9.394, de 20 de dezembro de 1996. *Lei de Diretrizes e Bases da Educação Nacional*. Brasília, DF: Diário Oficial da União, 21 dez. 1996.

ORGANIZADORES E AUTORES

LELIANE MARIA AP. GLIOSCE MOREIRA

Graduada em Psicologia. Especialista em Psicologia Hospitalar e em Psicanálise. Possui mestrado em Psicologia Social e doutorado em Psicologia Clínica. Tem experiência nas áreas de psicologia, psicanálise e educação, com ênfase em aspectos relativos a psicodiagnóstico, psicanálise infantil, psicanálise e cultura, representação social e saúde, assim como em formação de psicólogos(as). Autora do livro "Consultas terapêuticas com pais e filhos: resgatando a experiência compartilhada do brincar" (Juruá Editora, 2019). É professora titular do curso de graduação em Psicologia da Universidade Paulista (UNIP), atuando como professora orientadora de estágio obrigatório em Psicoterapia de Orientação Psicanalítica. Na UNIP, trabalha como assessora da diretoria do Instituto de Ciências Humanas, realizando principalmente trabalhos acadêmico-administrativos.

Endereço para acessar o ORCID:
https://orcid.org/0000-0002-1919-1623.

Endereço para acessar o Currículo Lattes:
http://lattes.cnpq.br/6954044345398181.

GUILHERME FÉLIX DE SOUZA LOPES

Graduado em Psicologia. Especialista em Teoria Psicanalítica. Atua como professor orientador de estágio curricular obrigatório e docente no curso de graduação em Psicologia da Universidade Paulista (UNIP). Trabalha como psicólogo e psicanalista em consultório particular.

Endereço para acessar o currículo lattes:
http://lattes.cnpq.br/2632667565611682.

AUTORES

CAROLINA CASTELLI DE PAULA

Graduada em Psicologia. Especialista em Psicologia Hospitalar. Tem mestrado em Psicologia Escolar e do Desenvolvimento Humano. Atua como professora orientadora de estágio em Psicodiagnóstico Interventivo e Plantão Psicológico no curso de graduação em Psicologia da Universidade Paulista (UNIP) e em consultório (atendimento clínico) com ênfase na abordagem psicanalítica.

Endereço para acessar o ORCID:
https://orcid.org/0009-0000-2748-914X.

Endereço para acessar o Currículo Lattes:
http://lattes.cnpq.br/5462082992006391.

CRISTINA HELENA GIOVANNI MENEGHELLO

Graduada em Psicologia. Especialista em Psicologia e Psicoterapia Psicanalítica de Casal e Família. Tem mestrado em Psicologia. Atua como professora orientadora de estágio em Psicodiagnóstico Interventivo e Psicoterapia de Orientação Psicanalítica no curso de graduação em Psicologia da Universidade Paulista (UNIP) e em consultório (atendimento clínico), com ênfase em psicodiagnóstico interventivo, orientação a pais e atendimento clínico de crianças, adolescentes e adultos na abordagem psicanalítica winnicottiana.

Endereço para acessar o ORCID:
https://orcid.org/0009-0003-7100-2687.

Endereço para acessar o Currículo Lattes:
http://lattes.cnpq.br/8378992497355210.

FLÁVIA ANDRADE ALMEIDA

Graduada em Psicologia. Especialista em Psicologia da Saúde, Prevenção ao suicídio e Psico-oncologia. Mestre em Filosofia pela PUC-SP e Doutoranda em Psicologia Clínica no IPUSP. Atua como professora orientadora de estágio e docente no Curso de Graduação em Psicologia da Universidade Paulista (UNIP). Pesquisadora de psicanálise e filosofia francesa contemporânea. Autora do livro: "Suicídio e Medicalização da vida – reflexões a partir de Foucault" (CRV, 2021).

Endereço para acessar o ORCID:
https://orcid.org/0000-0001-9359-7472

Endereço para acessar o currículo lattes:
http://lattes.cnpq.br/7732204163640030

FLÁVIO ROSSI PROVAZI

Graduado em Psicologia. Especialista em Psicoterapia Ambulatorial. Tem experiência prática em saúde mental, dependência de substâncias psicoativas, saúde coletiva e da família, psicologia hospitalar, acolhimento institucional, medidas socioeducativas, abordagem especial à pessoa em situação de rua e proteção social/apoio psicológico às famílias e indivíduos em violações de direitos. Atua como professor orientador de estágio e docente no curso de graduação em Psicologia da Universidade Paulista (UNIP). Tem uma trajetória profissional de mais de dez anos em diversos serviços ligados a políticas de direitos constitucionais, destacando, o Sistema Único de Saúde (SUS) e o Sistema Único de Assistência Social (Suas).

Endereço para acessar o Currículo Lattes:
http://lattes.cnpq.br/9710203692319792.

JOSÉ RAIMUNDO EVANGELISTA DA COSTA

Graduado em Psicologia. Especialista em Saúde Mental e Atenção Psicossocial. Especialista em Filosofia e Direitos Humanos. Mestre em Bioética. Doutor em Psicologia Clínica. Formação em Psicanálise. Experiência nas áreas de psicologia e psicanálise, com ênfase em psicologia clínica, sexualidade, práticas psicossociais, psicopatologia, psicanálise e saúde mental. Professor titular no curso de graduação em Psicologia da Universidade Paulista (UNIP). Pesquisador orientador de iniciação científica – linhas de pesquisa: 01 – Psicopatologia Psicanalítica e Contemporaneidade; 02 – Saúde Mental e Práticas Psicossociais; 03 – Sexualidade: Diversidade Sexual e de Gênero.

Endereço para acessar o ORCID:
https://orcid.org/0000-0002-5119-4752.

Endereço para acessar o Currículo Lattes:
https://lattes.cnpq.br/6535679009136305.

NATHALIA VIEIRA MACHADO RODRIGUES

Graduada em Psicologia. Especialista em Clínica Psicanalítica na Atualidade. Mestranda em Psicologia Clínica no IPUSP. Atua como professora orientadora de estágio e docente no curso de graduação em Psicologia da Universidade Paulista (UNIP).

Endereço para acessar o Currículo Lattes:
http://lattes.cnpq.br/4706147445951537.